"Este libro es valiente, claro, equilibrado y, como todo lo que escribe David Gushee, está profundamente arraigado en la fe bíblica. Él se toma la teología y la Biblia con absoluta seriedad, continuando su papel como erudito dentro de la iglesia evangélica y siendo uno de los más prominentes en temas de ética y discipulado. La descripción de David de cómo ha cambiado su mente sobre los temas LGBTQ será un desafío para algunos, una inspiración para otros, pero un regalo para todos los que se encuentren en algún lugar de esta trayectoria".

Wesley Granberg-Michaelson se desempeñó como secretario general de la Iglesia Reformada en América del 1994 al 2011. Fue uno de los primeros editores gerentes de la revista Sojourners y desempeñó un papel activo en organizaciones ecuménicas.

❧

"En este volumen histórico, el renombrado evangélico especialista en ética David Gushee hace un llamado apasionado a los cristianos con mentalidad bíblica para que reconsideren su oposición tradicional a las relaciones entre personas del mismo género. Gushee presenta argumentos bíblicos claros y persuasivos para entender el matrimonio como un pacto fiel de por vida que está disponible para ambas parejas tanto gays como las heterosexuales por igual. Este libro será visto como un logro importante en la participación evangélica en cuanto a los temas LGBTQ. Una lectura obligada para los cristianos que buscan una respuesta compasiva y bíblicamente fiel a la controversia del matrimonio entre personas del mismo sexo".

Mark Achtemeier, teólogo, erudito y autor de The Bible's Yes to Same-Sex Marriage: An Evangelical's Change of Heart (la traducción de este título al español sería: La Biblia y el sí a las relaciones entre el mismo sexo: El cambio de corazón de un evangélico).

❧

"Gracias David Gushee por la valentía de compartir tan hermosa y articuladamente lo que Dios te ha mostrado. *Cambiando nuestra mente* es una lectura necesaria para cualquier persona que tenga dificultad con la posibilidad de como la orientación sexual pueda encajar con una vida de fe. Alabado sea Dios por guiarnos pacientemente a cada uno de nosotros a este lugar de nueva comprensión, mientras Dios mueve a la Iglesia hacia el siglo XXI".

Jane Clementi cofundó la Fundación Tyler Clementi con su esposo Joseph después de que su hijo Tyler se suicidara como resultado de un incidente de ciberacoso en la Universidad de Rutgers. La fundación promueve la educación, la investigación y los programas públicos para promover comunidades inclusivas para jóvenes LGBTQ.

"David Gushee es uno de los teólogos evangélicos más sensatos que escriben hoy. Conozco a David desde hace bastante tiempo y me conmovió ver cómo su corazón y su mente han cambiado en cuanto a la inclusión LGBTQ y el cristianismo. La suya no es una historia de transformación instantánea, sino de muchos años y largas horas escuchando, orando y volviendo continuamente al estudio bíblico en busca de orientación. Al igual que Jacob luchando con el ángel, David ha luchado para comprender el llamado de Dios para los cristianos en este momento en que luchan poderosamente para comprender cómo ser fieles a su fe y a sus hermanas y hermanos, hijas e hijos, madres y padres LGBTQ. En vez de pedirnos que dejemos nuestras creencias en la puerta de la iglesia, David abre un camino hacia la liberación. Al admitir que la Iglesia se equivocó con la comunidad LGBTQ, nos muestra cómo podemos abrazar una fe más auténtica, más responsable, más amorosa y finalmente más verdadera. He anhelado este libro durante muchos años y no puedo dejar de recomendarlo lo suficiente."

Sharon Groves se desempeñó como directora del Programa de Religión y Fe en la Human Rights Campaign (Campaña de Derechos Humanos). Desarrolló herramientas y recursos de capacitación para ayudar a las familias a dar la bienvenida a familiares y amigos LGBTQ desde una perspectiva de la fe.

"El progreso asusta a muchas personas, especialmente cuando avanza rápidamente y se siente incontrolable. El nuevo libro de David P. Gushee ayudará a las personas a sentirse más cómodas en cuanto a un tema por el que han estado en un conflicto cada vez más profundo a medida que continúa el progreso en la comprensión de las personas gays, lesbianas, bisexuales y transgénero. Cuando leí por primera vez su libro anterior, *Righteous Gentiles of the Holocaust*, (en español se traduciría como 'Gentiles justos del holocausto') inmediatamente me di cuenta de cómo un tema complicado se había enfocado mucho mejor. El libro permitió un cambio significativo en mi propia vida. Llegué a comprender que las enseñanzas religiosas con demasiada frecuencia juegan el papel más importante en la creación de un clima de hostilidad hacia las personas LGBTQ inocentes y vulnerables, especialmente los jóvenes. Sé por experiencia personal que un libro como *Cambiando nuestra mente* salvará vidas y mentes".

Mitchell Gold es el cofundador de una empresa de muebles y artículos para el hogar con tiendas en todos los Estados Unidos. Es autor de Crisis: 40 Stories

Revealing the Personal, Social, and Religious Pain and Trauma of Growing Up Gay in America (en español se traduciría como Crisis: 40 historias que revelan el dolor y el trauma personal, social y religioso de crecer como gay en los Estados Unidos). *En 2005, Gold fundó www.FaithInAmerica.org para contrarrestar el daño causado a los hombres y mujeres LGBTQ por las enseñanzas religiosas excluyentes.*

～

"El libro de David Gushee es una oportunidad poco usual de poder dar un vistazo al proceso de profundo cambio de paradigma por parte de un ético cristiano extremadamente reflexivo y de tantos logros. Expone las preguntas morales, éticas y bíblicas que rodean la polémica en cuanto al tema LGBTQ de manera clara y completa. Además, Gushee ayuda a eliminar una gran cantidad de estereotipos falsos en ambos lados del debate, haciendo distinciones que ayudarán a toda la iglesia a enfocarse más claramente en los problemas centrales a medida que lucha con esta pregunta que cambia el paradigma. Gushee aborda uno de los temas más controvertidos de nuestro tiempo, y lo hace con sabiduría y gracia".

James V. Brownson es un educador, teólogo, profesor de Nuevo Testamento y el autor de Bible, Gender, Sexuality: Reframing the Church's Debate on Same-Sex Relationships (en español se traduciría como La Biblia, el género, la sexualidad: Reformulando el debate de la iglesia sobre las relaciones entre personas del mismo sexo).

～

"El erudito evangélico David Gushee lee las Escrituras de una manera que es profundamente agradable para aquellos de nosotros en la tradición rabínica que creemos que las Escrituras son la Palabra hablada de Dios entregada para instruirnos sobre cómo vivir a Su imagen todos los días. [Yo te busco con todo el corazón; ¡No dejes que me desvíe de tus mandamientos! En mi corazón atesoro tus dichos, para no pecar contra ti. Salmo 119:10-11] David Gushee honra la autoridad de la Palabra, como lo hacemos nosotros. [Ábreme los ojos, para que contemple las maravillas de tu ley. Salmo 119:18] Como nosotros, no se atrevería a actuar sobre sus propias primeras impresiones o interpretaciones de la Palabra. Al igual que nosotros, primero somete su mente y su corazón a las disciplinas del estudio cuidadoso del texto: leyendo atentamente la larga historia de lecturas de los sabios que lo precedieron, examinando atentamente el contexto en el que su comunidad de creyentes lee la Palabra hoy, y atentamente atendiendo a la razón inmediata por la que está leyendo ahora y con quién y para quién. [Así que el día primero del mes séptimo, el sacerdote Esdras llevó la ley ante la asamblea, que estaba compuesta de hombres y mujeres y de todos los que podían comprender la lectura … Esdras, a quien la gente podía ver porque él estaba en un lugar más alto, abrió el libro y todo el pueblo se puso de pie. Entonces Esdras bendijo al Señor, el gran Dios.... los levitas, le explicaban la ley al pueblo, que no se movía de su sitio. Ellos leían con claridad el libro de la ley de Dios y lo interpretaban de modo que se comprendiera su lectura..]

"A través de su lectura obediente, humilde y erudita de las Escrituras en el contexto de la vida diaria de su comunidad cristiana en este contexto estadounidense y en esta época, el especialista evangélico en ética David Gushee lleva la letra viva y amorosa de la Palabra a sus hermanos y hermanas gays de la misma forma en que durante tantos años la ha llevado a todos sus hermanos creyentes en la Iglesia y también en la Sinagoga. Es evidente que este es un hombre de Dios tanto para los que vivimos fuera de su iglesia como para los que viven dentro de ella, para todos los que esperamos en la presencia redentora de Dios.

"Confieso que me importa el trabajo religioso y teológico cristiano cuando creo que glorifica al Dios de Israel y sirve a la Palabra de amor e instrucción, justicia y misericordia que escucho en la Torá. Esta es una Palabra que exige un servicio intransigente a Aquel que solo creó todo el mundo y las criaturas en él. Y este es un servicio que incluye el cuidado inquebrantable de las criaturas de Dios... Por todas estas razones, me importa profundamente el trabajo religioso, teológico y cuidadoso del reverendo David Gushee. Lo honro como siervo del creador y de la Palabra que exige el cuidado de las criaturas de Dios. He sido testigo de tal servicio en la forma en que enseña y predica, lee e interpreta las Escrituras; y en la forma en que escucha los corazones, las alabanzas, las palabras y los llantos de las personas que lo rodean, dentro de su comunidad eclesial y fuera de ella, y en la forma en que escucha al Dios que los escucha, a todos y a cada uno. Todo ello está presente, una vez más, en su libro más reciente, *Cambiando nuestra mente*. Aquí narra cómo cambió su corazón, mente, espíritu y juicio sobre el lugar de los cristianos LGBTQ en la Iglesia… Es un libro notable desde muchas perspectivas. *Espiritualmente*: ser testigo de esta ingeniosa narración de un líder religioso, intelectual y espiritual de muchos niveles, confesando y disculpándose por esos años, durante los cuales entendió sinceramente su cristianismo evangélico y su lectura obediente de las Escrituras como impedimento de aceptar a cristianos LGBTQ en la Iglesia. *Siguiendo el intelecto lleno del corazón*: poder seguir punto por punto la claridad del razonamiento de este hombre, desde cómo y por qué fallaba en no poder aceptar a las personas LGBTQ, hasta cada uno de los pasos individuales de sus experiencias vividas, el observar, estudiar, orar y pensar que crecieron lentamente y se desarrollaron sinceramente que lo llevaron a la conclusión anunciada por este libro: que ahora es el momento de que él, y aquellos que comparten su devoción por las Escrituras y por todos los miembros de la iglesia, honren a los cristianos LGBTQ que vienen a sentarse con él y ellos en las bancas. *Bíblicamente*: el poder ver una lectura tan cercana y profunda de los muchos versículos de las Escrituras pertinentes a estos temas, ver lo que significa que no se ignore ninguna palabra o versículo, que no se ignore ningún punto académico lleno de la inspiración del espíritu o la mente, y que no se ignore ninguna implicación de lectura para que, en la plenitud de este momento de reflexión en la plenitud de la vida encarnada en la iglesia, estas interrogativas profundas de nuestra época puedan ser abordadas sin pérdida de la fe y pérdida de la compasión".

Peter Ochs es el Profesor Edgar Bronfman de Estudios Judaicos en la Universidad de Virginia

Cambiando nuestra mente

Traducción en español de la 3ra edición final en inglés del llamado histórico a la inclusión de los cristianos LGBTQ con respuestas a las críticas.

David P. Gushee

Para más información y para anotarse para recibir el boletín informativo de David Gushee visite la página web:

DavidPGushee.com

ISBN: 978-1-64180-171-3

Diseño del arte de la cubierta por
Rick Nease
www.RickNeaseArt.com

Traducido y editado al español por
Alejandro J. Ugarte

Publicado por
Read The Spirit Books
Una imprenta de
Front Edge Publishing, LLC
42807 Ford Rd, No. 234
Canton, Michigan, 48187, USA

Los libros de Front Edge Publishing están disponibles para compras al por mayor con descuento para eventos, uso corporativo y grupos pequeños. Las ediciones especiales, que incluyen libros con logotipos corporativos, portadas e interiores personalizados, están disponibles para su compra. Para obtener más información, comuníquese con Front Edge Publishing a la siguiente dirección de correo electrónico info@FrontEdgePublishing.com.

En honor a los cristianos LGBT que todavía aman
a la iglesia que no los ha amado.

Tabla de contenido

Introducción de parte del autor a la tercera edición

Junio del 2017

Ya con este son 22 libros que he escrito o editado. Cada uno de estos libros, como todos los libros, tiene una historia de cómo se escribió. Cualquier autor puede decirle mediante qué proceso se inspiró y escribió un libro, qué objetivos animaron una obra y cuál era la intención de su audiencia y mensaje. La mayoría de los autores tienen un control total o al menos considerable sobre esa parte del proceso de publicación. Aun así, puede haber sorpresas.

La historia de cómo se escribió *Cambiando nuestra mente* comenzó con una serie de publicaciones semanales en un blog en el servicio de noticias en línea que ahora se llama Baptist News Global (BNG por sus siglas en inglés). Estas publicaciones comenzaron en el verano del 2014 y terminaron en octubre. Mi intención era pensar en voz alta, utilizando como plataforma mi columna semanal en BNG. Creía que, como líder intelectual en el mundo bautista, era hora de pensar y escribir sobre los problemas asociados con el rechazo y la inclusión LGBTQ, y hacerlo hasta que sintiera que se había abordado todas las preocupaciones principales.

Esto fue contrario a mi silencio (y el de la mayoría de los líderes cristianos bautistas y evangélicos) o, en el mejor de los casos, solamente esfuerzos muy parciales y tanteados para abordar este tema delicado hasta ese punto. Llegué a la conclusión de que este silencio era, al menos por mi parte, cobarde e irresponsable, y que tenía la libertad en mi posición en la Universidad Mercer para quizás ofrecer algún liderazgo, especialmente a la comunidad bautista, escribiendo mis reflexiones un poco preliminares, pero sin obstáculos.

A medida que el verano avanzaba hacia el otoño, la atención a estas publicaciones semanales de 1500-2000 palabras comenzó a intensificarse. La gente se acercó a mí desde dentro y fuera del mundo bautista, ya sea alentándome o advirtiéndome que me alejara del tema. Algunas iglesias me dijeron que estaban estudiando las publicaciones en sesiones grupales. Los cristianos LGBTQ comenzaron a contactarme y a expresar su agradecimiento.

Mi amigo Ken Wilson (pastor y autor del importante libro *Letter to My Congregation* que en español se traduciría Carta a mi congregación) me puso en contacto con su editor, David Crumm de Read the Spirit, para discutir la idea de un libro casi instantáneo que recopile estas publicaciones en un solo lugar. Este no había sido el plan original, pero tenía sentido y David Crumm estaba entusiasmado. Me mantengo profundamente agradecido por su apoyo y colaboración pasada y actual.

Mientras tanto, el joven líder cristiano LGBTQ Matthew Vines me invitó a presentar en su conferencia del Proyecto de Reforma (TRP por sus siglas en inglés) en Washington, DC en noviembre del 2014. El bloguero superestrella Jonathan Merritt y yo acordamos una entrevista exclusiva programada para la conclusión de la serie, la publicación del libro, y el discurso en TRP, todos los cuales ocurrieron a fines de octubre y principios de noviembre.

Todo explotó. La serie terminó en el blog de noticias bautista BNG, y yo había "ido todo el camino" hacia la inclusión total de las personas LGBTQ. La entrevista de Merritt se volvió viral. El video y la cobertura de noticias de mi discurso en el Proyecto de Reforma también se volvieron virales. "El especialista en ética evangélico David Gushee se vuelve pro-gay" se convirtió en una historia internacional. Recordemos que: el libro que se convirtió en *Cambiando nuestra mente* sucedió de manera accidental, providencial o demoníacamente, dependiendo de lo que uno piense del libro. Comenzó como una serie de publicaciones de blog. Hubo una semana entre publicaciones, y toda la investigación y el proceso de escritura de cada publicación tuvo que realizarse dentro de esa semana, en la mayoría de los casos. Toda la serie fue pensada como una especie de experimento mental, exploraciones de un tema difícil, pensando en voz alta. A medida que se desarrollaba la serie, adquirió suficiente impulso y se consideró lo suficientemente importante como para que se desarrollara un libro a partir de ella. La entrevista de Merritt y el discurso del Proyecto de Reforma hicieron que la serie / libro fuera noticia internacional, especialmente en la comunidad evangélica en gran parte indignada.

Esa última línea hace una buena transición a mi segundo punto principal.

Así como todos los libros tienen un historial de cómo se escribió, también tienen un historial de recepción o aceptabilidad. A pesar de los esfuerzos quizás considerables para elaborar o comercializar un libro, la forma en que los lectores lo reciben adquiere vida propia. El autor pierde el control de su libro una vez que se lanza al mundo, y su recepción puede ser dramáticamente diferente de lo que el autor esperaba o pretendía.

Si un libro atrae una atención considerable, la receptividad o aceptación del libro y la respuesta del autor a esa recepción pueden convertirse en una historia tan grande como el libro mismo. Todo comienza con había una vez un autor, inspirado por propósitos particulares, publicando un libro. Luego se recibe el libro y comienzan los argumentos. La aceptación de la primera edición del libro que estás leyendo fue considerablemente diferente de lo que podría haber imaginado.

Esta pequeña serie de publicaciones de blog que se convirtió en un libro también se convirtió en una especie de Gran Evento, al menos en esa parte del mundo que todavía discutía sobre la inclusión LGBTQ, especialmente el cristianismo evangélico.

Pero la aceptación de mi libro varió de formas inesperadas. Dependía en parte de a qué exactamente respondían las personas. Algunas personas respondieron principalmente a una o más de las publicaciones originales del blog BNG. Algunas personas respondieron al libro entero. Algunas personas respondieron a la historia de Merritt. Algunas personas respondieron al discurso/video del Proyecto de Reforma. Algunas personas respondieron a artículos de seguimiento o entrevistas durante el próximo año.

Perdí el control de la narrativa a medida que las reacciones se propagaban en función de estos diferentes puntos focales. Esto fue frustrante para mí. Pero había poco que pudiera hacer al respecto. A medida que las críticas se intensificaron y las demandas de mi tiempo aumentaron, finalmente decidí ignorar todos los comentarios para mantener la cordura y seguir con mi vida.

Desde su publicación, el libro en sí se ha afianzado como un trabajo significativo sobre el tema de la inclusión LGBTQ en las iglesias cristianas. El enfoque ágil de la casa de publicación Read the Spirit para publicar me permitió ofrecer rápidamente una segunda edición en febrero del 2015, que incluía mi discurso del Proyecto de Reforma (capítulo 20 de esta edición). Esa segunda edición se convirtió en el trabajo que se ha vendido rápidamente y ha sido estudiado en muchos lugares y también ridiculizado.

Precisamente porque estaba escrito en capítulos cortos fáciles de comprender y no estaba entorpecido por el efecto de la escritura académica, la "gente normal" podía leer y entender el libro. Era el tipo de libro que un chico de secundaria podría regalarle a un amigo, o un adolescente gay podría rogarles a sus padres o a su hermana que lo leyeran. Comenzaron a llegar testimonios de adolescentes LGBTQ que me dijeron que había cambiado (o salvado) sus vidas, y de padres evangélicos que me dijeron que el libro los ayudó a aceptar plenamente a sus propios hijos. Esto sí se sintió realmente como un buen fruto. Sigo recibiendo este tipo de testimonios de vez en cuando.

Pero el libro recibió críticas feroces y los enemigos atacaron amargamente su mensaje, método y autor. Casi todos estos enemigos estaban "a mi derecha", es decir, eran pastores, académicos y blogueros fundamentalistas y evangélicos. (Hubo un poco de crítica interesante a mi izquierda, ya que algunos liberales encontraron mi ética del pacto marital totalmente anticuada. Así que ahí lo tienen). Además de herejía absoluta y enseñanza falsa, fui acusado de todo tipo de cosas, incluida la tergiversación de mí mismo como evangélico, que mi trabajo bíblico era de carácter inexperto, falta de rigor académico e intolerancia de puntos de vista opuestos.

También percibí una buena cantidad de celos relacionados con la atención que había recibido el libro. Las personas que habían estado trabajando en estos mismos campos durante mucho tiempo, especialmente en el lado tradicionalista, se sintieron agraviados al ver otro ejemplo más de la parcialización liberal de los medios. Cuando más tarde fui elegido por mis colegas académicos para las presidencias tanto de la Academia Estadounidense de Religión como de la Sociedad de Ética Cristiana, estos mismos críticos se indignaron aún más. La mala erudición no debería ser recompensada con tales honores, pero al fin y al cabo esta era la academia liberal dándole palmaditas en la espalda a uno de los suyos. ¿Cierto?

A pesar de muchas críticas y las diferentes imperfecciones y limitaciones de *Cambiando nuestra mente* todavía parece destinado a ser parte de la conversación cada vez que se discuta el tema de la inclusión LGBTQ en el cristianismo. Parece tener un mercado permanente, especialmente entre las personas que sufren y que lo han encontrado más útil hasta ahora: (ex)cristianos LGBTQ y sus familias y amigos. También parece tener un hogar permanente en al menos algunas conversaciones en el aula donde se está considerando el debate cristiano LGBTQ.

Debido a que esto ha sido así, y para finalmente cumplir con la obligación de un académico de responderle a sus críticos, ofrezco esta tercera y final edición de *Cambiando nuestra mente* ahora, en el verano del 2017.

Esta nueva edición final contiene dos cambios importantes y varios menores. El primer cambio importante es la adición de una "Respuesta a los críticos" después del cuerpo normal del trabajo. Bendecido por la calma que finalmente ocurre cuando el polvo se asienta después de la controversia, finalmente he abordado las críticas más significativas de *Cambiando nuestra mente*. Esta "respuesta" también incluye una bibliografía de las reseñas críticas más importantes dirigidas al libro. El segundo cambio importante es la adición de una guía de estudio muy útil escrita por Robert Cornwall, también agregada al final del libro.

Esta edición final también incluye algunas modificaciones menores en el cuerpo de la obra, principalmente actualizaciones, aunque he resistido en gran medida la tentación de reescribir lo que creo que Dios me dio para decir en ese momento. Los comentarios que ofrecen elogios para el libro se han movido al frente.

El subtítulo de la primera edición fue una de las cosas que frustró a mis críticos. Me describieron como "el erudito principal en ética evangélica de los Estados Unidos". He eliminado ese lenguaje en esta nueva edición, por razones que se harán evidentes en mi "Respuesta a los críticos".

Agradezco a mis talentosos estudiantes graduados de la Universidad de Mercer, Jordan Yeager Mason y Fabiani Duarte, por su ayuda invaluable en la investigación de esta edición. Como siempre, la responsabilidad del producto final recae enteramente en el autor.

David P. Gushee
Atlanta, Georgia
Junio del 2017

Introducción de parte del autor a la segunda edición

Febrero del 2015

Los 17 ensayos recopilados en el cuerpo principal de este libro fueron publicados de forma similar por Baptist News Global (BNG), anteriormente ABPnews/Herald, desde julio a octubre del 2014. BNG es una organización de noticias autónoma y sin fines de lucro que ofrece noticias, reportajes y artículos de opinión todos los días hábiles para una audiencia internacional de bautistas y otros cristianos. El autor y el editor agradecen el amable permiso otorgado por BNG para la rápida publicación de estos artículos de opinión en este libro. BNG ha ido más allá del llamado del deber en este sentido. Para ver las piezas originales y el diálogo que crearon a medida que se publicaba cada una, visite www.baptistnews.com.

Estoy agradecido con un puñado de amigos que leyeron este manuscrito en su etapa de desarrollo y con todos los que dialogaron con mis artículos originales en línea. Sus comentarios han contribuido a mejoras significativas. Por supuesto, la responsabilidad por el contenido de este manuscrito recae enteramente en su autor.

Esta segunda edición contiene correcciones, ediciones y actualizaciones menores, con una excepción: especialmente a petición de los líderes cristianos LGBTQ, he incluido el texto completo de mi discurso en la conferencia del Proyecto de Reforma en Washington, DC en noviembre del 2014.

Todas las escrituras se citan de la New Revised Estándar Version excepto donde se indique lo contrario.

Prefacio

Si no sabes quién es David Gushee, deberías informarte acerca de quién es.

Si tuviera que decir que él es el Billy Graham o el Papa Francisco de la ética evangélica estadounidense, dirás: "Entonces, ¿por qué ya no lo conocía?" La respuesta sería que, así como hay razones por las que pocas personas piensan en la cocina inglesa o la hospitalidad del norte, hay razones por las que las personas no asocian inmediatamente la reflexión profunda, filosófica y ética con la teología evangélica.

Pero, así como hay grandes chefs ingleses, y así como hay gente verdaderamente hospitalaria en el norte, hay grandes expertos en ética evangélicos. Y desde hace décadas, David Gushee se ha ganado la reputación de ser el principal ético evangélico de los Estados Unidos.

En este libro admite que se ha equivocado en el tema LGBTQ. Explica por qué ha cambiado de opinión y de corazón. Como los buenos estudiantes de matemáticas, él también "muestra su operación".

No todos los días un líder religioso hace una confesión como esta.

Los lectores de mayor edad recordarán cuando Billy Graham sorprendió a los evangélicos estadounidenses, primero al negarse a segregar sus eventos evangelísticos y luego al trabajar con católicos romanos. Los lectores más jóvenes recordarán cuando el Papa Francisco sorprendió a los católicos al lavarle los pies a una mujer musulmana o al negarse a condenar a los católicos gays.

Estás a punto de leer algo así en estas páginas, pero tal vez aún más sorprendente e inesperado.

El trabajo de David Gushee no solo es profundo, reflexivo y brillante; y no sólo David es filosófica y teológicamente cuidadoso y astuto; también es refrescantemente claro y comprensible para la "gente común" que no sabe ni palabrería filosófica ni teológica.

Sigue la ética de Jesús dejando que su sí sea sí y su no sea no.

David apunta a la claridad de sí o no en estas páginas, y también a la brevedad. Ningún otro escritor que yo conozca ha manejado los famosos "pasajes garrotes" con tanta claridad y brevedad como la de David.

Hay una cosa más que debo decir antes de cerrar. Respeto y admiro mucho a David, y me gusta sincera y genuinamente. Y debo admitir que siento un poco de dolor por él en anticipación de la publicación de este libro.

Como él, yo también solía seguir implícitamente la línea predominante de nuestro grupo. Al igual que él, pasé por un lento proceso de replanteamiento. Al igual que él, mi proceso de pensamiento fue enriquecido e intensificado por familiares y amigos que se acercaron a mí, junto con miembros de la iglesia que pastoreaba. Al igual que él, me arrepiento mucho de las personas a las que lastimé y de los consejos y opiniones que di y que ahora desearía poder hacerlo de modo diferente.

Cuando "salí del armario como aliado a la luz pública" como un pastor evangélico heterosexual casado que había cambiado de opinión sobre la igualdad LGBTQ, recibí un correo de odio que todavía me estremezco al recordar. Las amistades terminaron. Las principales revistas evangélicas me pusieron en su lista negra. Descubrí que hay bullies o acosadores teológicos en el mundo evangélico a los que no les importa usar su influencia donde sea. Las invitaciones a hablar y las bienvenidas amistosas se agotaron en lugares donde antes me había sentido bienvenido y en casa. Estas experiencias duelen. Y junto con mi propia incomodidad, me sentí dolido por los amigos que se vieron obligados a elegir entre la amistad conmigo o pertenecer a sus iglesias, denominaciones o asociaciones. Me di cuenta de que al hacer público mi propio cambio de opinión y corazón estaba poniendo a muchos de mis amigos en una posición difícil. No me gustaba hacer eso.

Y ahora sé que David se enfrenta a todas estas realidades. Es un ser humano demasiado bueno y un caballero cristiano para tener que experimentar estas cosas. Pero, de nuevo, es un ser humano demasiado bueno y un caballero cristiano como para ocultar su cambio de mente y corazón para evitar experimentar estas cosas. Lo que me lleva a una advertencia: si tiene la valentía de leer estas páginas y tomar en serio lo que presenta este especialista en ética, se enfrentará a una gran decisión ética propia. Si cambia de opinión, si experimenta un cambio de opinión sobre este tema, usted también enfrentará algunas consecuencias, a las que tendrá que responder éticamente. Ese proceso bien podría ser un momento decisivo en su propio desarrollo ético. Y, por supuesto, acobardarse, no estar dispuesto a comprometerse honesta y seriamente con el pensamiento claro y sincero de David en estas páginas, también será una especie de momento ético definitorio.

Gracioso, ¿no? Justo cuando queremos centrarnos en la astilla ética en los ojos de aquellos que ven el tema LGBTQ de manera diferente (desde cualquier lado), es posible que tengamos que enfrentar las vigas éticas en los nuestros.

Brian D. McLaren *es un autor de gran éxito en ventas que ha escrito más de una docena de libros sobre la construcción de puentes sobre los abismos que pueden separar a los grupos religiosos, culturales y políticos. También es un invitado frecuente en programas de televisión, radio y medios de comunicación, donde habla sobre el desafío de hacer la paz en un mundo turbulento.*

Prefacio

En mis días de popularidad y prestigio cuando era una joven instructora universitaria, uno de los elementos básicos del programa de estudios de inglés de primer año era una unidad sobre Discurso. Un bloque considerable de tiempo de clase dedicado al Discurso en un curso básico requerido puede parecernos un poco antiguo ahora; pero en aquel entonces tenía todo tipo de sentido práctico. Más allá de eso y con toda sinceridad, disfruté enseñándolo.

Por un lado, la enseñanza de las maravillas del Discurso sobrepasó, sin lugar a duda, una serie de otras partes de esos primeros programas de estudios de inglés del primer año de la universidad. Más allá de eso, sin embargo, hay un arte y una especie de belleza solemne que son singulares del Discurso como una división de la literatura, principalmente porque, como modus operandi, el Discurso exige una claridad de pensamiento y una integridad de argumento que no siempre se obtienen. En otras formas de comunicación escrita o hablada; y de todas las formas y presentaciones del Discurso, la *apología* es la más hermosa.

Apología no es, por supuesto, una palabra que usemos muy a menudo hoy en día, y ciertamente no en la conversación diaria. Sin embargo, todos tenemos algo de conocimiento de lo que se trata. Por ejemplo, *Apología Pro-Vita Sua* (*Una disculpa por su vida*) de Sócrates es uno de los grandes clásicos de la literatura occidental y, literalmente, nos ha afectado a todos de una forma u otra, nos demos cuenta o no. Más concretamente, sin embargo, ya sea que le demos a una obra su nombre formal o no, todos reconocemos y casi instantáneamente respetamos la "Apología" o *apología*, cuando tenemos la suerte de encontrarla.

La *Apología* es esa forma de Discurso que, aun compartiendo todas las características requeridas de claridad e integridad, va más allá de esas características. Las humaniza, por así decirlo. El creador de una *apología* se atreve a hablar personalmente... autobiográficamente y con franqueza y siempre de manera vulnerable... sobre su compromiso con las ideas y el progreso de las ideas que se presentan. El resultado, para el lector o el oyente, no es solo una intimidad de compromiso con las ideas presentadas de manera convincente y clara, sino también una especie de asombro frente a la abrumadora humildad del orador de la Apología. El resultado, en suma, entonces, y en otras palabras, es una cosa de rara luminosidad y belleza dócil. La Apología es lo que es: una historia, por así decirlo, de un hombre o una mujer luchando contra una idea con total desnudez frente a la grandeza de esa idea.

Cambiando nuestra mente es una *apología*. Es una *apología* de uno de los eruditos y pensadores religiosos conservadores más respetados y altamente acreditados de nuestro tiempo. Si, seguramente la comience con expectativas, pero también con gratitud: gratitud de que un hombre de la estatura de David Gushee nos haya hecho, como sus lectores, el máximo cumplido. Ha optado por relatar públicamente y en detalle su lucha y sus conclusiones sobre los temas teológicos que separan a muchos cristianos tradicionales de abrazar la plena inclusión en el cuerpo de Cristo de sus hermanos y hermanas cristianos que son miembros de la familia LGBTQ. Palabras como estas se forman solo con un esfuerzo desgarrador por parte de su autor. Son, como he dicho, *apología* en su máxima expresión.

Phyllis Tickle *(1934-2015) fue una estudiosa de la religión, periodista, autora de 36 libros y ampliamente considerada como una destacada experta estadounidense en publicaciones religiosas. Miembro activa de la iglesia episcopal, habló ampliamente en universidades y conferencias profesionales y, a menudo, fue entrevistada en destacados medios de comunicación, como la revista TIME, el New York Times, USA Today, PBS, CNN y la BBC.*

Introducción

El cristianismo occidental se enfrenta a una crisis de autoridad moral.

Esta crisis es evidente en la hemorragia de miembros de mi propia generación, conocidos como los milénicos, de las bancas de las iglesias.

Es evidente en la influencia decreciente de la iglesia en los debates de política pública y en la falta de líderes cristianos que tengan la misma influencia cultural que C.S. Lewis y Billy Graham alguna vez tuvieron.

Hay muchas razones para esta crisis, por supuesto, desde la desafortunada adopción de la política partidista por parte de la iglesia hasta su apatía generalizada con respecto a la injusticia racial y económica.

Pero ningún problema ha tenido más consecuencias en separar a mis contemporáneos de la iglesia, y hacerlos dudar de la credibilidad moral de sus líderes, que el continuo rechazo y exclusión de las personas LGBTQ por parte de la iglesia evangélica.

Muchos líderes cristianos establecidos no tienen relaciones cercanas con cristianos gays, lesbianas, bisexuales o transgénero, por lo que es más probable que vean el "problema LGBTQ" a través de una lente política en lugar de una relación. Dada la controversia que rodea el tema, generalmente optan por aceptar el statu quo para centrarse en asuntos que parecen menos peligrosos.

Mientras tanto, los jóvenes en sus congregaciones no pueden darse el lujo de evitar las preguntas desafiantes que plantea este tema. Nuestros mejores amigos de la iglesia nos dicen entre lágrimas que son gay y que se han angustiado por ese hecho durante años. Nuestros compañeros de la escuela salen del armario y no se sienten seguros para volver a poner un pie en una iglesia.

Para los cristianos milénicos, este tema no es un juego politizado sin importancia. Es una cuestión de cuánto espacio y gracia haremos y daremos para los amigos que amamos mucho y amigos cuyas diferencias los han hecho sentir increíblemente solos, aterrorizados y sin amor.

Entonces, cuando miramos a muchos de los líderes de nuestra iglesia y vemos una oposición inamovible o miedo frente a la controversia, comenzamos a darnos cuenta de que tendremos que ir a otra parte en busca de respuestas. Cuando a nuestros amigos se les muestra la puerta, vemos cómo nuestros pastores se niegan a abrir sus corazones, privilegiando sus carreras y reputaciones por encima de un compromiso significativo con las lágrimas y las pruebas de muchos de los que más amamos. Nuestros líderes continúan predicando sobre el amor abnegado de Jesús, pero sus palabras suenan cada vez más huecas a la luz de sus acciones.

Las consecuencias aquí no son difíciles de predecir: los milénicos están dejando la iglesia. Críticamente, no se van porque el costo del discipulado sea demasiado alto, sino porque la cantidad de líderes dispuestos a sufrir ese costo es muy pequeña.

A pesar de esa realidad aleccionadora, la mayoría de los líderes evangélicos establecidos siguen estancados en sus caminos o, en el mejor de los casos, simplemente sin saber cómo avanzar. Muchos miembros de la iglesia mayores de edad y más conservadores amenazan con retirar su apoyo económico de cualquiera que cambie su forma de pensar, lo que impide que los pastores y otras personas aborden seriamente este problema. Esa dinámica repele a muchos de nuestros jóvenes más prometedores. El resultado: la iglesia está perdiendo una de sus mejores esperanzas de un futuro próspero, y los mismos agentes de cambio que podrían ayudar a revertir estas tendencias negativas. Comprensiblemente, esta situación deja a muchos en una posición pesimista sobre el lugar de la iglesia en el siglo XXI.

David Gushee entra en esta parte, un hombre valiente y generoso que se encuentra en una posición única para ayudar a la iglesia a superar esta crisis agobiante. Escritor y pensador prolífico, David Gushee ha acumulado excelentes credenciales teológicas en el ala de la iglesia donde esta crisis es más aguda: el evangelicalismo. Con el principal libro de texto de ética evangélica (*La ética del reino*) entre uno de los 19 libros que tiene a su nombre, Gushee tiene una gran influencia entre muchos líderes, pastores y académicos evangélicos.

Es importante destacar que Gushee no ha tenido miedo de adoptar posturas contraculturales impopulares en el pasado. Cuando muchos cristianos estadounidenses dudaron sobre la aceptabilidad moral de la tortura, Gushee se mantuvo firme al denunciar la práctica y redactó la "Declaración evangélica contra la tortura". Del mismo modo, tomó la iniciativa en la redacción de la "Iniciativa climática evangélica", desafiando a aquellos que convertirían nuestra mayordomía de la creación de Dios en un tema político partidista.

En *Cambiando nuestra mente*, Gushee nuevamente pone su reputación en juego para defender una posición impopular entre sus colegas: que la iglesia debe disculparse por el daño que ha infligido a la comunidad LGBTQ, y que nuestra interpretación de las Escrituras sobre las relaciones entre personas del mismo sexo ha estado en la raíz de ese daño.

Algunos sin duda asumirán que, al tomar esta posición, Gushee simplemente está cediendo ante el panorama cultural cambiante de los Estados Unidos. Pero eso es precisamente lo contrario de lo que representa este libro. Tal como lo hizo con los temas de La tortura y El cuidado de la creación, Gushee va directamente contra la corriente de la cultura evangélica más amplia. Está actuando por convicción más que por conveniencia, ya que no hace falta decir que, al menos en el futuro cercano, tiene mucho más que perder que ganar si se alinea con los cristianos LGBTQ.

Pero igual de importante, Gushee también está desafiando las opiniones de muchos de los que ya apoyan las relaciones entre personas del mismo sexo. Aunque a menudo no se reconoce en los círculos más progresistas, los cristianos que se sienten incómodos con el matrimonio entre personas del mismo sexo no carecen de preocupaciones legítimas. Sus preocupaciones sobre poner en peligro la autoridad de las Escrituras y diluir los estándares sexuales de la iglesia no son infundadas, ni se alivian con argumentos pro-LGBTQ que esencialmente pueden reducirse a "Pablo fue un hombre de su tiempo" y "el amor es amor."

Hay que darle mucho crédito a David Gushee, por no descartar ni trivializar esas preocupaciones. En cambio, hace un llamado de atención a los cristianos LGBTQ para que honren la plena autoridad de la Biblia. También presenta un caso audaz y convincente para afirmar la enseñanza histórica de la iglesia de que el sexo es para el matrimonio, no solo para adultos que consienten, y no solo para expresar amor según lo definido por los sentimientos. Al abordar las preocupaciones centrales de los cristianos conservadores con respeto y argumentos razonados, Gushee señala el camino a seguir más allá del estancamiento actual de la iglesia.

El trabajo de David Gushee en este libro tiene una importancia fundamental en la reformulación del diálogo acerca del tema LGBTQ en la iglesia y en la recuperación de la autoridad moral de la iglesia para una nueva generación.

Algún día, incluso muchos de los que ahora responden con desprecio e indignación se lo agradecerán. Ciertamente, yo y otros cristianos LGBTQ ya tenemos muchas razones para estar agradecidos.

Matthew Vines es el fundador del Reformation Project conocido en español como el Proyecto Reforma, una organización sin fines de lucro basada en la Biblia que busca reformar la enseñanza de la iglesia sobre la orientación sexual y la identidad de género. Matthew tomó una pausa de sus estudios en la Universidad de Harvard para investigar lo que dice la Biblia sobre la homosexualidad. Como resultado, produjo el libro más vendido, God and the Gay Christian que en español se traduciría como Dios y los cristianos gays: el caso bíblico en apoyo de las relaciones entre personas del mismo sexo. Ha aparecido en noticias de todo el país, incluso en las páginas de USA Today, el Washington Post y el New York Times. Vive en Texas.

En vivo desde Nueva York

Tal vez era predecible que mi lucha en cuanto al "tema LGBTQ" finalmente se volvería inaguantable en la ciudad de Nueva York, donde comenzó el movimiento por los derechos de las personas gays.[1]

Estuve en "La Gran Manzana" en el 2013 para una de esas charlas extraoficiales a las que solo se puede asistir por invitación y que hacen que las personas se sientan realmente importantes. El anfitrión fue uno de los jóvenes líderes evangélicos (cristianos protestantes teológicamente conservadores) más populares de los Estados Unidos. Este talentoso joven había invitado a una docena, principalmente evangélicos emergentes de entre 20 y 30 y tantos años (y algunos ancianos como yo, que recientemente había alcanzado la impactante edad de 50 años) para venir a una sala de conferencias en Manhattan por un día. Reuniéndonos para hablar juntos de nuestro trabajo y sueños.

No recuerdo casi nada de lo que se dijo en la reunión, aparte de los numerosos comentarios improvisados en el camino sobre el tema LGBTQ y su relación con el cristianismo evangélico.

Esto no es nada raro. Hoy día uno no se puede moverse mucho dentro de los círculos cristianos sin toparse con el tema gay. Se ha convertido en la papa más caliente de todas las papas calientes en el cristianismo evangélico, como también ha sucedido en gran parte de la cultura estadounidense y mundial. Tiene un toque particular en estos días entre los evangélicos jóvenes, modernos y, a menudo, urbanos. Tales evangélicos, con sus jeans ajustados y bebidas de cafés macchiatos, en ninguna circunstancia quieren ser o sonar tan cuadrados como sus antepasados evangélicos de la generación anterior. No quieren parecer odiosos, no quieren ser demagogos y no quieren que los confundan con derechistas cristianos como el viejo Jerry Falwell. Y realmente quieren compartir el evangelio de manera efectiva en centros urbanos grandes y sofisticados como Nueva York.

Estos jóvenes líderes evangélicos están atrapados entre dos fuerzas muy poderosas en su propia subcultura religiosa. Por un lado, los líderes mayores de edad en su mundo todavía tienen un poder extraordinario para abrir o cerrar puertas a los evangélicos más jóvenes que están escalando posiciones en el negocio de la religión. Estos líderes mayores están casi unánimemente cerrados a cualquier reconsideración de este tema, y hasta ahora tienen el poder de excluir a cualquiera que tan siquiera quiera abrir esa conversación. Para muchos evangélicos, esto hace que el pensamiento fresco sea literalmente impensable.

Por otro lado, los evangélicos bien informados de treinta y tantos de años son muy conscientes de la disidencia que brota de sus correligionarios más jóvenes. Saben que el "consenso evangélico" no está persuadiendo por completo a los jóvenes de grupos y estudiantes universitarios cristianos que pueblan nuestras bases. Muchos de estos jóvenes han dejado en claro a los encuestadores y a cualquier otra persona que esté escuchando que consideran que el trato cristiano tradicional y las opiniones sobre los gays y lesbianas son un problema para su fe y para sus relaciones con las personas que les importan, incluidos los amigos gays y lesbianas.

Muchos están dejando la Iglesia, o al menos el evangelicalismo, por el tema LGBTQ. De acuerdo con Public Religion Research, el 70 por ciento de la generación que menos asiste a la iglesia en los Estados Unidos, los Milénicos, dicen que "los grupos religiosos excluyen a los jóvenes al ser demasiado críticos con el tema de los gays y lesbianas", y el 31 por ciento de los Milénicos que han dejado la Iglesia dicen que este asunto fue un factor importante en por qué se fueron. Visite PublicReligion.org[2] para obtener más información.

La mayoría de los cristianos y ex-cristianos más jóvenes no han presentado una alternativa bíblica o teológica a la posición tradicionalista. Pero no están nada satisfechos con el statu quo. Y ellos ciertamente quieren poder hablar sobre el tema LGBTQ de formas novedosas y en espacios abiertos y sin censura. Cualquiera que trabaje con jóvenes cristianos se ha encontrado con estas preocupaciones.

Tal vez lo que finalmente me llevó al límite en esta reunión en particular fue que no esperaba que estuviéramos hablando sobre el tema LGBTQ. No estaba en la agenda. Pero cuando se mencionó por primera vez, pensé, por un esperanzador nanosegundo, que tal vez podría escuchar algunas ideas nuevas entre estos jóvenes líderes prometedores. Pero no iba a ser así. Básicamente, asentían con la cabeza haciendo gestos de entendimiento el uno al otro, mientras se respondían con los mismos clichés desgastados que he escuchado miles de veces. Y así, todos emergieron al aire nocturno de la ciudad de Nueva York y acordaron que necesitaban seguir peleando la buena lucha cristiana contra "los liberales y los gays", sin importar cuán incomprensible pudiera ser esta opinión para la mayoría de los demás en esas calles de Manhattan.

Todos estuvieron de acuerdo. Excepto yo. Las partes "gay" de la conversación me habían parecido insufribles. Estaba completamente claro para mí que mi mente había cambiado decisivamente en varios aspectos de este tema. Ya no podía soportar tales conversaciones en silencio. Y no podía quedar identificado como un "evangélico" o especialmente como un "líder moral evangélico" si eso significaba asumir que compartía el consenso evangélico sobre este tema. Era hora de salir a la luz pública con un pensamiento fresco.

Si sabe algo sobre el evangelicalismo esta es una noticia, la principal comunidad religiosa de los Estados Unidos por población y una fuerza cada vez más poderosa en la cultura global. Esta comunidad religiosa, en todo el mundo (piense en algunas de las detestables leyes que están promoviendo los evangélicos en África, por ejemplo) se ha posicionado casi inequívocamente como un opositor de la comunidad gay y sus derechos, y ciertamente como un opositor de cualquier replanteamiento de la ética sexual cristiana tradicional con relación a los gays y lesbianas.

Se puede encontrar evidencia que yo mismo he predicado, enseñado y escrito, en defensa de la posición evangélica tradicional sobre estos temas durante el tiempo que he servido como ministro cristiano (27 años) y especialista en ética (21 años) aunque haya sido cortésmente. Me he presentado ante miles de estudiantes universitarios y de seminario como predicador y profesor. Co-escribí quizás el principal libro de texto de ética cristiana evangélica (*La ética del reino*, publicado por Editorial Mundo Hispano, 2008), que se lee en nueve idiomas en todo el mundo y que en su primera edición tomó la posición tradicional. Decenas de miles de cristianos han leído mis palabras...

Este tema no ha sido un tema central para mí. No he viajado por el país despotricando contra el "estilo de vida homosexual" o la "la agenda gay". Constantemente he atacado la homofobia y he llamado a la compasión cristiana. Pero he dicho que no puede haber aceptación moral de las relaciones sexuales entre gays y lesbianas. Hasta hace muy poco, no había escrito una palabra a favor de la plena inclusión de los cristianos gays y lesbianas en la Iglesia. Mi simpatía a la línea del partido en cuanto a este tema me ayudó a tener acceso a los principales colegios evangélicos, seminarios, revistas, editoriales y reuniones de alto nivel en Manhattan que han sido mi privilegio durante dos décadas. Nombraría estas conexiones para impresionarlos con la medida en que estoy profundamente arraigado en los círculos principales de mi comunidad religiosa, pero bueno, eso sería insufrible a su propia manera, ¿no crees? Visítame en www.davidpgushee.com o simplemente créeme en cuanto a mis conexiones.

Ciertamente se siente genial ser un líder en la profesión de uno, y las ventajas también son agradables, incluyendo los viajes, las regalías y, a veces, las suites de hotel bastante cómodas. Y hay un orgullo especial asociado con ser no solo un líder, sino un "líder religioso". Tal orgullo es muy peligroso, aunque puedo reconocerlo en mí mismo y puedo ver cómo me mantuvo callado y todavía evita que muchos otros se atrevan a estremecer las aguas religiosas.

Pero eso es lo que debo hacer ahora. Ahora tengo algo diferente que decir. Mi mente ha cambiado. Este libro trata en parte sobre el proceso a través del cual mi mente ha cambiado, y en parte sobre cómo veo la verdad bíblica ahora que mi mente ha cambiado. En un sentido, es una narrativa personal; en otro sentido, es una declaración de teología bíblica tal como la veo ahora. He sido guiado en un viaje que me ha puesto en un lugar muy diferente de donde empecé. Es justo que a todos los que alguna vez hayan confiado en lo que escribí sobre este tema o cualquier otro tema en el pasado se les muestre cómo es que mi opinión ha cambiado sobre este tema en particular ahora. Cualquier otra persona interesada está cordialmente invitada a escuchar.

Este libro describirá cómo he llegado a romper con el consenso evangélico representado en esa sala de reuniones de Manhattan. Es la historia, especialmente, de cómo *no la Biblia misma sino las lecturas tradicionalistas de ciertos textos de la Biblia* se han vuelto cada vez más inverosímiles para mí, mientras que otros textos sobre el mensaje del Evangelio y la Iglesia ahora parece tener un rango de aplicación más amplio, lo suficientemente amplio como para abrazar la inclusión plena de gays y lesbianas.

Mi mente ha cambiado, especialmente debido a los encuentros transformadores que he tenido la suerte de tener con cristianos gays, lesbianas, bisexuales y transgénero durante la última década. Una de ellas es mi amada hermana, que es más querida para mí de lo que las palabras pueden decir y que se declaró lesbiana no hace mucho. Otros son miembros de la iglesia. Algunos han sido mis alumnos. Algunos eran extraños que venían a buscarme y pedían una conversación por correo electrónico, teléfono o tomando un café.

Al igual que con los cristianos heterosexuales, las vidas romántico-sexuales de estos cristianos LGBTQ varían. Algunos son célibes. Algunos no lo son.

Algunos buscan relaciones y otros no. Algunos creen que las relaciones entre personas del mismo sexo podrían estar bien ante Dios y otros no. Algunos están en una relación sellada por un pacto sagrado de amor y otros no. Algunos son padres y otros no. He aprendido de su gran diversidad a nunca más aceptar afirmaciones mal informadas sobre "el estilo de vida homosexual".

Los caminos de fe y las perspectivas de estos amigos cristianos varían de la misma manera. Algunos son liberales y otros son conservadores. Algunos pertenecen a iglesias litúrgicas (iglesias altas) y otros pertenecen a iglesias que no son litúrgicas (iglesias bajas). A algunos les gustan los himnos y a otros les gustan los coros de alabanza. Son simplemente... personas cristianas, en toda su enloquecedora y adorable diversidad. Actualmente, el amigo más evangelizador que tengo es un hermano cristiano gay. Siempre está ahí afuera compartiendo su fe. Otro amigo cristiano gay está interesado en escritos pop apocalípticos como la serie *Left Behind* (conocida como *Dejados atrás* en español), que personalmente detesto. Y nunca he visto una colección más grande de libros cristianos conservadores que en la biblioteca de otro amigo cristiano gay. Cuando realmente permites que personas gays y lesbianas entren en tu vida como un cristiano, te encontrarás con algunas sorpresas.

No fui en busca de estos nuevos amigos, estas experiencias y encuentros han venido a mí. Ahora creo que *me los han enviado*. En mi tradición espiritual, los avances inesperados en la comunidad cristiana no se consideran accidentales. Se describen más a menudo como la obra del Espíritu Santo de Dios.

Mi mente y mi corazón han cambiado ya que Dios ha enviado un gran número de personas de "otras sexualidades" a mi vida. Estas experiencias me han llevado gradualmente a afinar mi comprensión del evangelio cristiano y la iglesia cristiana, y a pensar de forma fresca sobre cómo debería ser la ética sexual cristiana. Me siento obligado ante Dios y estos nuevos amigos cristianos míos a mostrarles y contarles a ustedes acerca de este cambio y, con toda delicadeza, pedirles que consideren unirse a mí en ese viaje.

Lo que sigue no es un trabajo exhaustivo. Después de varios comienzos en falso, decidí que la mejor manera de abordar este tema era una serie de capítulos breves y oportunos que cualquiera pudiera leer en períodos de tiempo relativamente breves. Para usar una comparación más antigua, esto se parece más a una colección de panfletos contra la esclavitud que a un engorroso tomo académico. Así es exactamente como se publicó originalmente esta colección, como una serie de ensayos.

Es realmente sorprendente la cantidad de tinta académica que se ha derramado entre los especialistas al analizar los detalles más finos de las palabras y los documentos hebreos y griegos que podrían ser relevantes para este tema. No es de extrañar que los laicos estén confundidos y no sepan qué pensar. Espero que lo que ofrezco aquí ofrezca a cualquier lector un acceso imparcial a los puntos principales de la discusión académica. Pero lo que es más importante, espero que en cada punto dirija la atención a lo que está más profundamente en juego. Ese es el esfuerzo de la Iglesia por discernir lo que significa seguir a Jesús en cada área de la vida, incluso en nuestra ética sexual y en la forma en que tratamos a las minorías sexuales en el Cuerpo de Cristo.

Nuestro momento:

Una iglesia con un problema

La iglesia tiene un problema con la gente gay y lesbiana.

Pareciera una declaración tan simple. Pero esa frase podría interpretarse en el sentido de muchas cosas diferentes. ¿Qué escuchaste?

1. La Iglesia cree que tanto los actos como las relaciones entre el mismo sexo están mal.

2. La Iglesia está enfrentando problemas debido a su oposición hacia los gays y las lesbianas y sus relaciones.

   Quizás, tal vez le diste la vuelta a la frase rápidamente, más menos algo así:

3. La gente LGBTQ tiene un problema con La Iglesia.

   Tal vez, te atascaste en la terminología. Pensaste: Este tipo ya está equivocado porque:

4. No existe tal cosa como "La Iglesia".

   Cualquiera de las cuatro formas posibles de leer esa frase al comienzo es cierta. Por lo menos, son lo suficientemente ciertas como para iniciar la conversación que quiero que tengamos juntos en este libro.

   Así que tomemos una a la vez.

1. La iglesia cree que la "homosexualidad" (actos y relaciones entre personas del mismo sexo) están mal.

   Sí, es cierto que hasta hace muy poco tiempo la iglesia cristiana en todas sus ramas principales incluía como parte de su moralidad sexual de 2000 años de antigüedad el rechazo a la legitimidad moral de los actos sexuales entre personas del mismo sexo. (¿Vieron con qué cuidado dije eso? Se necesita precisión cuando se habla de estos temas. Tal precisión a menudo es difícil de encontrar, en cualquier lado de cualquier tema, en una época en la que todos los argumentos deben escalarse a 140 caracteres twitteables).

La Iglesia nunca tuvo una categoría llamada "orientación sexual" en su antigua tradición. Una vez que entendió a fines del siglo XX que se debía hacer una distinción entre la orientación y los actos sexuales, las ramas más inteligentes de la Iglesia pudieron aceptar tal distinción. Esto ayudó a algunos cristianos a comenzar tentativamente a aceptar a las personas gay en la Iglesia, lo cual fue un avance. Pero no les ayudó a aceptar ninguna legitimidad moral para los actos entre personas del mismo sexo y, por lo tanto, no podría haber legitimidad moral para ninguna persona gay o lesbiana involucrada en, o incluso abierta a, relaciones románticas.

El antiguo rechazo cristiano de los actos entre personas del mismo sexo era solo una pequeña parte de una elaborada moralidad sexual y familiar. Esa moralidad tradicional se enfocaba en un hombre y una mujer que hacían votos a Dios y entre ellos para vivir un matrimonio de por vida, y restringir la actividad sexual a tal matrimonio, para bien o para mal, en los buenos y malos tiempos. Todo sexo fuera del matrimonio estaba prohibido por la Iglesia y se creía que iba en contra de la voluntad de Dios. Esta visión anterior enfatizó la centralidad de la procreación y la crianza de los hijos, considerando esta tarea sagrada como el propósito principal de Dios para el matrimonio. El matrimonio se entendía como un sacramento divino, o al menos un pacto sagrado. El divorcio y el nuevo matrimonio estaban prohibidos o estrechamente ligados a delitos específicos como el adulterio. La Iglesia, al menos en las sociedades dominadas por cristianos, desempeñó un papel clave en la enseñanza y el refuerzo social de su comprensión de la moralidad sexual y el matrimonio, y hubo pocos competidores para la visión cristiana.

Hoy en día, la mayoría de las personas tienen muy poca exposición a una presentación completa de la antigua tradición cristiana sobre el matrimonio, la familia y el sexo, incluso si asisten a la iglesia los domingos. Muchos predicadores y maestros cristianos han perdido el contacto o la confianza en estas antiguas tradiciones. O tal vez temen la ira de sus feligreses, la mayoría de los cuales no cumplen con la ética sexual cristiana histórica de una forma u otra. Y así los predicadores permanecen mayormente en silencio…

Excepto quizás sobre el tema LGBTQ. Aquí al menos hay un aspecto de la moralidad sexual cristiana histórica que aún puede presentarse sin ofender a mucha gente. ¿Cierto? (Uno se pregunta si esos predicadores que censuran a los gays y lesbianas lo harían si constituyeran el 40 por ciento de sus feligreses, como ocurre con el divorcio hoy). Y precisamente porque gran parte del resto de la ética sexual cristiana ha sido abandonada, al menos en la práctica, por los propios cristianos, muchos líderes cristianos profundizan aún más en las relaciones entre personas del mismo sexo, viendo esto como la frontera final, la última línea de defensa.

Cualquier pensamiento cristiano adecuado sobre el tema LGBTQ debe volver a colocar la pregunta en su marco más amplio de moralidad sexual cristiana histórica; y más allá de eso, en un contexto espiritual y teológico cristiano mucho más amplio. Eso es algo de lo que haré en este libro.

Pero mientras tanto, concedo la afirmación histórica de que la Iglesia ha creído que los actos y las relaciones entre personas del mismo sexo siempre están mal, y reconozco que muchos millones de cristianos todavía creen esto. En este sentido, la Iglesia sí tiene un problema con las personas gay y lesbianas y sus relaciones.

2. La Iglesia está enfrentando problemas debido a su oposición hacia los gays y las lesbianas y sus relaciones.

En las últimas décadas, la opinión en los Estados Unidos, Europa Occidental y, en general, cosmopolita, se ha inclinado dramáticamente en contra de gran parte de la moralidad sexual histórica de la Iglesia, incluyendo la moralidad sexual histórica de la iglesia sobre las relaciones entre personas del mismo sexo. Hace cien años, los actos entre personas del mismo sexo se consideraban inmorales y, a menudo, se trataban como ilegales en todo el mundo occidental. Pero eso comenzó a cambiar a fines del siglo XX, y la opinión ha cambiado drásticamente en la última década. Las leyes estatales que prohíben los actos entre personas del mismo sexo fueron rechazadas por la Corte Suprema de EE.UU., seguido de la rápida difusión de leyes que afirman el matrimonio entre personas del mismo sexo o al menos bloquean las leyes que prohíben el matrimonio gay. A partir del 15 de enero del 2015, el 70 % de la población de EE. UU. vivía en estados donde los gays podían casarse y, a partir de junio del 2015, el matrimonio gay se convirtió en ley federal.

Grupos de opinión cristiana, incluyendo algunas denominaciones protestantes y una variedad de líderes académicos y de la iglesia, han hecho un cambio doctrinal en las últimas décadas sobre este tema. Muchos otros no han hecho un cambio doctrinal, pero ciertamente han cambiado el espíritu de sus predicaciones, enseñanzas y consejos hacia un trato más humano de las personas gays y lesbianas.

Pero si se entiende que la Iglesia consta de tres ramas antiguas principales: la ortodoxa oriental, la católica romana y la protestante, y si se entiende que la protestante incluye dos comunidades principales en la actualidad, los más progresistas "protestantes comunes" y los protestantes evangélicos y fundamentalistas más conservadores. Es correcto decir que la mayor parte de la Iglesia no ha hecho ningún tipo de cambio doctrinal. La ortodoxia oriental, el catolicismo romano y el evangelicalismo protestante no han cambiado la ética sexual cristiana heredada, mientras que el protestantismo tradicional está amargamente dividido, como lo demuestran las constantes peleas sobre el tema en sus reuniones de verano.

Esta falta de voluntad o incapacidad de la mayoría de la Iglesia de poder cambiar su ética sexual (o especialmente de detener su trato a veces hostil hacia las personas gay y lesbianas) ha provocado una enorme hostilidad por parte de los líderes culturales, defensores de los derechos, de los activistas gays y millones de personas normales que sienten que ellos o sus seres queridos han sido heridos por la Iglesia. Muchos perciben que la postura de la iglesia y actividades son nada más que fanatismo deplorable, poco diferente al racismo histórico o al sexismo. La imagen y la misión evangelizadora de la Iglesia en la cultura estadounidense han sido dañadas. El daño se extiende a muchos de los propios jóvenes de la Iglesia, que se estremecen cada vez que se identifica a la Iglesia como antigay, lo que parece haberse convertido en nuestra característica que nos define. Entonces, la postura de la Iglesia sobre las personas gays y lesbianas y sus relaciones, cuyo propósito era avanzar el testimonio cristiano, en realidad ha retrocedido su misión entre un gran número de personas.

Los cambios culturales en los últimos años plantean la posibilidad de que los cristianos y las instituciones que se aferran a las creencias tradicionales sobre el tema LGBTQ eventualmente enfrenten un rechazo cultural total, así como también problemas legales significativos. Cada vez con más frecuencia, los líderes cristianos son "descubiertos" por haber articulado en algún momento posturas tradicionalistas sobre temas relacionados con parejas del mismo sexo, y se les amenaza con formas bastante visibles de exclusión, tal como cuando al conservador pastor Luis A Giglio le revocaron la invitación a orar en la segunda toma de posesión del presidente Obama en base a sermones que una vez predicó. Esto provocó un escalofrío en la columna vertebral de todos los líderes cristianos que alguna vez ofendieron los estándares culturales actuales en sus predicaciones o escritos sobre el tema LGBTQ. Soy uno de esos líderes.

En el frente legal, es muy posible que las universidades cristianas conservadoras con políticas discriminatorias con relación a los gays y lesbianas algún día pierdan el derecho a educar a los estudiantes que reciben subsidio financiero federal. Es una palanca poderosa: el porcentaje de "estudiantes universitarios que toman un horario completo de clases y que reciben ayuda financiera... [alcanzó] el 85 por ciento en el 2010", siendo gran parte de esta ayuda financiada por el gobierno federal.[3] Este tipo de suspensiones financieras le sucedieron a universidades segregacionistas cristianas a principios de la década de 1970, cuando la Corte Suprema dictaminó que las instituciones que discriminaban racialmente no podían tener ningún contacto con dólares federales. Este mismo estándar podría aplicarse algún día a las universidades cristianas frente a la discriminación debido a la orientación sexual. Esto pudiera significar la muerte de algunas instituciones. Las instituciones están muy conscientes de esto incluso ahora; algunas ya están participando en batallas legales para proteger sus derechos a discriminar basados en convicción religiosa, mientras otras están tratando de encontrar una manera de bajar la guardia.

La creciente hostilidad cultural y las amenazas legales imaginarias o reales están evocando a su vez una mentalidad de acoso por parte de muchos cristianos, y ciertos líderes cristianos conservadores muy visibles que están promoviendo esta narrativa con gran habilidad. Buscando precedentes históricos de momentos en los que cristianos "bíblicos" o "tradicionales" han sido atacados por sus creencias sinceras e innegociables, tales cristianos han encontrado consuelo en recordar períodos de persecución de la Iglesia. Recuerdan el sufrimiento de la Iglesia a manos del Imperio Romano, el régimen nazi en Alemania y los comunistas en Europa del Este y Asia. Temen que pronto vuelva a suceder, aquí mismo en los Estados Unidos, y ellos se están preparando así mismos para una nueva era de persecución. Parte de la retórica cristiana es francamente apocalíptica.

Por supuesto que esta postura asume que todos los aspectos de la posición tradicional cristiana en cuanto al tema LGBTQ son verdaderamente creencias cristianas innegociables, y que es parecido a otros aspectos innegociables por los que los cristianos han sufrido y muerto en el pasado. Irónicamente, la presión *externa* sobre la Iglesia en realidad ha hecho que sea mucho más difícil tener una seria conversación cristiana *interna* sobre este punto en específico. . Cuando la gente está a la defensiva generalmente se aferra más a su punto de vista en vez de abrir su mente. Esto ayuda a explicar la escena en la sala de conferencias de Manhattan. El lugar en Nueva York no fue casual en ese sentido. Mientras más presión para cambiar hacia adaptarse a la cultura se les haga a los cristianos, más intransigentes se vuelven. Y en pocos lugares existe tanta presión para cambiar los puntos de vista cristianos como en Nueva York.

Aquí les dejo una advertencia a aquellos que están fuera de la Iglesia quiénes desprecian a los cristianos tradicionales por su moralidad sexual. La tradición de dar testimonio-fiel-hasta-la-muerte en la cristiandad es una cosa temible. Ataques rabiosos hacia los cristianos por lo que creen que son creencias

inmutables los conducirán principalmente a una resistencia más profundamente arraigada. *Esto aumenta drásticamente la responsabilidad de aquellos de*
nosotros dentro de la comunidad cristiana de tener nuestras propias conversa-
ciones internas sobre este tema. Sería prudente que los que no pertenecen a la
comunidad cristiana retrocedieran un poco mientras nosotros tenemos esas
conversaciones, dándonos algo de espacio para el tipo de cambio orgánico que
estoy tratando de promover en este libro. Pero, aun así, a aquellos que están
siendo discriminados realmente no les gusta esperar mucho para que aquellos
que les están haciendo daño descubran cómo dejar de hacerlo. No esperarán
para siempre. Y no deberían tener que.

3. Las personas LGBTQ tienen un problema con la iglesia.

Cuando el amor entre personas del mismo sexo era "el tipo de amor que
nadie se debiera atrever a decir su nombre", la gran mayoría de las personas
gays y lesbianas estaban en el armario. Eso significaba que la gran mayoría de
las personas heterosexuales nunca "conocieron" a una persona gay. También
significaba que, durante siglos en las culturas dominadas por la Iglesia, las
personas gays y las lesbianas soportaban en triste silencio todo lo que la Iglesia
enseñaba y hacía en relación con ellos.

El relajamiento de las actitudes culturales ha sacado lentamente de las som-
bras a estas víctimas silenciosas. Algunos de nosotros en el trabajo cristiano,
como yo en mi trabajo como pastor y profesor, hemos llegado a conocer a
cristianos gays, lesbianas, bisexuales y transgénero, seguidores de Jesús comprometidos con su fe, creyentes, bautizados y moralmente enseriados. *Hay*
millones de tales cristianos de "otras sexualidades" solo en los EE. UU., y millones
más en todo el mundo. Dilo conmigo: hay millones de cristianos LGBTQ. Si
tomamos la población cristiana de los EE. UU. como el 40 por ciento de una
población total de 318 millones, y luego dividimos el número de cristianos en
los Estados Unidos por una población LGBTQ de aproximadamente el 4 por
ciento, eso nos da una estimación conservadora de cinco millones ese tipo de
cristianos en nuestro país solamente.

Estos cristianos han estado allí todo el tiempo. En los últimos años he conocido a algunos de ellos. Hasta que comencé a conocerlos, no sabía que estos
creyentes LGBTQ ya eran parte de la comunidad cristiana. Y su testimonio
es que han sido gravemente heridos, a veces por lo que la Iglesia ha enseñado
desde los púlpitos y en las aulas, a veces por cómo se ha enseñado, y a veces
por cristianos heterosexuales que se han sentido autorizados a tratar a estas
personas (sospechosas) LGBTQ con desprecio ocasional, o algo peor.

Entonces, las personas LGBTQ tienen un problema con la Iglesia. Y aquellos que los aman tienen un problema con la Iglesia que es como mínimo igual de intenso. Este no es un problema de percepción, que se pueda solucionar con una campaña de cambio de marca y una firma de relaciones públicas. Este es un problema de sufrimiento humano en el corazón mismo de la Iglesia. Y muchas de esas víctimas son muy jóvenes. Son adolescentes y adultos jóvenes que recién ahora están aceptando su sexualidad. Están muy mal heridos. Su sufrimiento debería importarle a cualquiera que tenga una pizca de compasión por el sufrimiento de los jóvenes. Que debería incluir a la Iglesia. Pero quizás …

4. No existe tal cosa como "la Iglesia".

Sigo hablando de la Iglesia. Pero ¿existe realmente alguna cosa como la Iglesia, o hay en cambio un sinnúmero de "iglesias"? ¿Y deberíamos realmente centrar la atención en la Iglesia como institución, o en vez de eso en los cristianos individualmente, todos los cuales (deberían) llegar a sus propias creencias sobre los problemas LGBTQ?

Soy un ministro bautista y profesor, y nosotros, los bautistas, tendemos a enfatizar bastante la responsabilidad de todos los cristianos individuales de pensar cuidadosamente acerca de los asuntos de fe para nosotros mismos, en obediencia a Cristo. También enfatizamos lo que se llama "autonomía congregacional". Las iglesias bautistas no siguen una cadena de mando jerárquica y no se reportan en un escalafón a obispos o cardenales o cualquier otra persona. Cualquier mirada al panorama religioso estadounidense fácilmente podría concluir que aquí prevalece una visión "bautista", ya sea que las congregaciones se llamen a sí mismas bautistas o no. Se puede encontrar una multitud de versiones congregacionales e individuales del cristianismo en todo el país. Cualquiera puede ser pastor y cualquiera puede comenzar una congregación, y cualquier congregación puede creer lo que sea que quiera creer.

Es un hecho. Y esto describe bastante bien el caótico panorama religioso estadounidense. Es bastante alocado por ahí. Pero, aún así, elegí el término "la Iglesia" para este libro de manera muy intencional. Incluso la mayoría de los congregacionalistas ya sea que recitemos o incluso conozcamos los credos, creen en algo como la "única Iglesia, santa, católica y apostólica", una frase del Credo de Nicea. Esto significa que, implícita o explícitamente, creemos que, en última instancia, la Iglesia es "una" entidad, fundada por Jesús; es "santa" en su origen y santa en sus fines y busca ser santa en su conducta; es "católica", que significa universal, con una existencia que cruza e incluye casi todas las tribus, naciones y grupos lingüísticos; y es "apostólica", trazable a Jesús y sus apóstoles originales y continúa por más de 2000 años hasta ahora.

Si esto es cierto, los líderes de la Iglesia de hoy, como yo y muchos lectores de este libro, tenemos profundas responsabilidades con la Iglesia única, santa, católica y apostólica. No podemos simplemente abandonar la Biblia, o la tradición de la Iglesia, o las creencias cristianas históricas, solo porque hay un movimiento cultural de gran poder que nos presiona con fuerza a alinear nuestros puntos de vista con la opinión predominante. Esto es precisamente lo que los líderes de la Iglesia (en su mejor momento) se han negado a hacer, desde la antigua Roma hasta la Alemania nazi y la Sudáfrica del apartheid. Esta firmeza de *decir no a la cultura para decir sí a Jesucristo* era precisamente lo que estaban obligados a hacer por sus responsabilidades como líderes cristianos.

Los líderes de la Iglesia de hoy enfrentan el mismo tipo de responsabilidades. Debemos seguir a Jesús correctamente en nuestro tiempo como lo hicieron los primeros líderes de la Iglesia en el suyo. Somos responsables ante cada generación cristiana anterior, y ciertamente ante el Señor de la Iglesia, Jesucristo.

Así que escribo este libro —quizás no suene modesto, pero estoy tratando de ser claro— conscientemente como un ministro cristiano ordenado al ministerio y un líder moral cristiano con un gran número de publicaciones, con graves responsabilidades para con Dios y la Iglesia universal. Me escucharán decir no a la cultura al menos tanto como digo que sí aquí, porque mi objetivo no es adaptarme a la cultura, sino cumplir con mis responsabilidades ante Dios como líder cristiano.

Como tal, en este libro estoy preguntando si la Iglesia debería cambiar nuestra mente y nuestras prácticas en relación con las personas cristianas LGBTQ y sus relaciones afectivas, no porque estemos bajo la presión de una cultura hostil para hacerlo, sino porque dentro de los términos de nuestra propia fe, ahora podríamos concluir que este es uno de esos casos en los 2,000 años de historia cristiana donde nos hemos equivocado en algunas cosas.

Revisar cualquier aspecto significativo de la tradición cristiana es una tarea difícil. Esto ayuda a explicar por qué los organismos serios de la Iglesia no están cambiando sus puntos de vista rápidamente. No se puede esperar que lo hagan de forma rápida si tienen algún sentido de relación orgánica con su propia herencia intelectual o alguna conexión significativa con la Iglesia universal. Cambiar nuestro pensar debe ser un proceso cuidadoso y bien consultado, no una rendición apresurada a las últimas demandas de la cultura, de lo contrario anduviéramos inventando estas cosas sobre la marcha. En ese sentido, el cristianismo, como la mayoría de las tradiciones religiosas de cualquier época, es inherentemente conservador. El cambio ocurre lentamente.

Y, sin embargo, debido a que muchos cristianos y líderes de la Iglesia sienten que algo no está del todo bien, que nuestra tradición no se ha entendido adecuadamente ni a sí misma ni a las personas contemporáneas con otras sexualidades entre nosotros, sentimos que se necesita algún tipo de cambio. Simplemente no sabemos cómo llegar allí. Y así bullimos en conflicto y confusión. No podemos cambiar de opinión, pero tampoco nos sentimos completamente cómodos con el lugar donde estamos. Seguimos picando esta costra sin llegar realmente a ninguna parte. Y así, incluso cuando el tema no está en la agenda, siempre sale a la superficie.

Note que uso el singular "mente", no el plural "mentes", aquí y en el título de este libro. Eso es porque creo que la pregunta que importa es si *la mente colectiva de la Iglesia universal puede y debe cambiar*. La cuestión no es si algunos cristianos como individuos cambien de opinión, sino si la Iglesia universal cambiará o debería cambiar su mente colectivamente. Y eso requiere una reflexión disciplinada en conjunto, en comunidad, con todas las manos a la obra dando su mejor contribución.

Usando las herramientas más centrales de nuestra propia tradición de fe cristiana, presentaré un caso para *cambiar nuestra mente*. No en todo lo que hemos enseñado, de ninguna manera. De hecho, trataré de mostrar que *transformar la forma en que las personas LGBTQ son tratadas por y en la Iglesia* no es cambiar de opinión, sino cambiar nuestra actitud y práctica de una manera totalmente coherente con las convicciones cristianas históricas sobre el Evangelio y el Iglesia. Una iglesia que ofrece una bienvenida hospitalaria a las personas gays, lesbianas y otras personas de otras sexualidades como recipientes agradecidos del amor salvador de Dios en Jesucristo es, de hecho, una iglesia fiel al Evangelio y a lo que significa ser la Iglesia. El cambio tan necesario, argumentaré, puede tener lugar sin reconsiderar en absoluto las cuestiones de ética sexual.

Luego presentaré el caso más difícil de que *un cambio en solo una dimensión de nuestro pensamiento sobre la moralidad sexual cristiana* puede considerarse dentro de los términos de las Escrituras cristianas. Este cambio podría invitar a todos los cristianos adultos a llevar sus compromisos romántico-sexuales a la exigente estructura de pacto de la moralidad sexual cristiana histórica. Y para aquellos que encuentran que este es un puente demasiado lejano, la Iglesia al menos puede demostrar la capacidad de vivir en comunidad unos con otros, incluso si encontramos un acuerdo total imposible sobre este asunto.

Todo lo que ofrezco aquí reflejará el cambio de corazón y mente que yo mismo he experimentado en los últimos 10 años. Ese libro de texto de ética cristiana del 2003 que mencioné anteriormente me ayudó a establecerme como uno de los principales pensadores morales del evangelicalismo global. Encuentro que ahora no puedo respaldar las pocas páginas que escribí allí sobre el tema LGBTQ. Eso sorprenderá a algunas personas. Quiero llevarlo en el viaje de *La ética del reino* a *Cambiando nuestra mente*. Una última cosa: los EE. UU. y muchos otros países están experimentando debates angustiosos sobre los derechos de los gays. Mientras escribo, el debate social actual más candente en nuestra nación es sobre el matrimonio gay.

Pero este libro no trata principalmente sobre los Estados Unidos o sobre los derechos legales de los gays. Mi intención es pensar en las verdades del Evangelio. Los cristianos estadounidenses están tan acostumbrados al dominio cultural que, si pensamos que Dios ha prohibido u ordenado algo, entonces pensamos que deberíamos tratar de insertarlo en las leyes gubernamentales para prohibirlo u ordenarlo. Nuestro propio dominio cultural (que se desvanece) en los EE. UU., junto con la negligencia teológica, fácilmente nos confunde aquí en cuanto a esto.

Lo que haga el estado de la Florida, Minnesota, Iowa o el gobierno de los Estados Unidos para reconocer a las personas gays como casadas es importante. Pero no es una cuestión de teología o ética cristiana de primer orden. Es una cuestión gubernamental, y la forma en que los estados resuelven tales cuestiones difiere fundamentalmente de la forma en que la Iglesia razona sobre su doctrina y su vida interior. Cuando el gobierno piensa en el matrimonio, lo que intenta principalmente es tener en cuenta el interés público con respecto a cuestiones como la situación fiscal, los derechos de propiedad y las disputas por la custodia de los hijos tras el divorcio. De hecho, la gran mayoría del contenido de las leyes matrimoniales estatales tienen que ver con el divorcio, no con el matrimonio en sí. (Créeme, he estudiado las leyes estatales sobre el matrimonio. Son deprimentes). Es terrible que la Iglesia y sus representantes hayan permitido que los debates estatales sobre el matrimonio se apropien y dominen nuestro propio pensamiento sobre toda la gama de preocupaciones relacionadas con las personas LGBTQ en la vida de la Iglesia.

Lo que descubramos sobre la fidelidad cristiana a Jesús ciertamente será relevante para nuestro testimonio al gobierno. Pero la necesidad fundamental en este momento para los cristianos es pensar seriamente si las minorías sexuales marginadas que son parte de la Iglesia serán tratadas, inequívocamente, como hermanas y hermanos en Cristo. Ese es el trabajo que quiero que hagamos juntos aquí. De hecho, creo que hacer esto bien en la Iglesia será nuestra mayor contribución a la sociedad.

Generando una conversación

Cada generación tiene su tema candente. Para nosotros, es el tema LGBTQ.

Dondequiera que voy, me encuentro con el tema LGBTQ, sin importar si yo tenga ganas o no de encontrármelo. Puede que te sientas de la misma manera. Y en todos lados, crea conflictos.

Sale a relucir y crea conflicto en casi todas las noticias, religión y/o política de todos los días. Incluso en las noticias de hoy.

Sale a relucir y crea conflicto en muchas, muchas denominaciones y asambleas. Mi asamblea.

Sale a relucir y crea conflicto en muchas, muchas congregaciones. Mi congregación.

Sale a relucir y crea conflicto en muchas, muchos salones de clase. Mi salón de clases. Sale a relucir y crea conflicto en muchas, muchas familias. Mi familia.

Dondequiera que voy, me encuentro con tres tipos de reacciones diferentes al tema LGBTQ:

1. Algunos quieren aferrarse a lo que entienden como actitudes y prácticas tradicionales cristianas y/o culturales hacia algunas cosas, o todo, asociadas con el tema LGBTQ, incluidas las interpretaciones bíblicas, las prácticas de la iglesia, las actitudes culturales y las leyes estatales/nacionales. Nos referiremos a este grupo como los *tradicionalistas*, a pesar de que los dramáticos cambios sociales, científicos y religiosos en las últimas décadas significan que nuestra charla actual sobre la sexualidad en realidad no tiene una tradición tan larga.

2. Algunos quieren ver cambios en las interpretaciones bíblicas, las prácticas de la iglesia, las actitudes culturales y las leyes estatales/nacionales, en busca de al menos un contexto más humano (o mucho más) para que las personas LGBTQ vivan sus vidas. Nos referiremos a estos defensores del cambio como los revisionistas, aunque con la misma advertencia que antes.

3. La mayoría quiere evitar hablar de este tema durante el mayor tiempo posible, si es posible, hasta que se vuelva imposible. Los *evasivos* quieren evadir el tema por una amplia variedad de razones, incluida la incertidumbre genuina de convicción, el miedo a lastimar a las personas y el miedo al conflicto y al cisma.

También se puede identificar una escala o rango en términos de la *intensidad* con la que las personas abordan este tema, que va desde muy baja hasta extremadamente alta, aunque en general si alguien está escribiendo o haciendo activismo sobre este tema, no está en el extremo inferior de la intensidad de la escala. Por ejemplo, los evasores a menudo son bastante intensos en su deseo de evitar el problema por completo, a menudo vinculado a su responsabilidad de mantener las instituciones unidas o conservar sus puestos de trabajo.

En esta serie de capítulos breves, reflexionaré sobre el multifacético tema LGBTQ. Espero proporcionar algunos comentarios útiles para otras personas a las que les gustaría superar la evasión y avanzar hacia una claridad de convicción, y espero hacerlo utilizando una metodología que sea reconocible y utilizable por otros cristianos. Tal vez pueda identificar algunas "bifurcaciones en el camino" (busque esa frase, será importante cuando aparezca) y otros indicadores útiles que pueden ayudar a los lectores a reflexionar sobre sus propios puntos de vista.

Para aquellos que no prestan mucha atención a los progresos en la conversación cristiana sobre este tema, la última década ha visto un cambio dramático en el terreno intelectual y eclesial. Se está desarrollando una importante literatura académica y popular, no solo en la conversación ecuménica/liberal más antigua (cuatro décadas por lo menos), sino también en los recintos evangélicos/conservadores del cristianismo estadounidense.

En particular, el cristianismo evangélico está produciendo una primera generación de literatura revisionista o cuasi-revisionista, en gran parte popular, un poco de parte de académicos y otra parte escrita por evangélicos que se identifican como LGBTQ. Esta nueva literatura está generando resistencia entre aquellos que buscan refutar las afirmaciones particulares de los revisionistas evangélicos y que tratan de definirlos *ipso facto* o inmediatamente como que ya no son evangélicos o cristianos.

Si puedes leer textos en inglés y no has escuchado de los siguiente Jenell Williams Paris,[4] Andrew Marin,[5] Matthew Vines,[6] Wesley Hill,[7] Justin Lee,[8] Jeff Chu,[9] James Brownson,[10] Ken Wilson,[11] Mark Achtemeier[12] and Wendy VanderWal-Gritter, es tiempo de que cambiemos eso y los leas.[13] Sin embargo, en español tenemos los trabajos de Justin Lee (Dividido), Kathy Baldock (Atravesando el cañón sin puente) al igual que su página web Canyon Walker Connections, Justin R. Cannon (La Biblia, el Cristianismo, y la Homosexualidad), Renato Lings (Biblia y homosexualidad ¿Se equivocaron los traductores? y también su otro libro Amores bíblicos bajo censura), Dave Jackson (Arriesgando la gracia), Colby Martin (Des Arma), Greg y Lynn McDonald (Como aceptar el tracyecto), Thomas Römer y Loyse Bonjour (La homosexualidad en el Antiguo Oriente Próximo y la Biblia) y el canal de YouTube de Carlo Inzunza.

El hecho de que las personas gays, efectivamente, los cristianos *evangélicos* gays, ya no sean simplemente *el objeto* de conversación, sino que encuentren sus propias voces y presenten argumentos bíblicos, teológicos y éticos por sí mismos, inevitablemente cambia la naturaleza de la conversación, si es que estamos dispuestos a tener una conversación. Simplemente es más difícil deshumanizar y descartar a un ser humano de carne y hueso con un nombre, una familia y un historial de servicio a Cristo en la iglesia local.

Cada generación tiene sus temas candentes más candentes de todos los temas, el tema que se convierte en la prueba de fuego de la ortodoxia de todos y provoca conflictos que a veces conducen a la división. En generaciones anteriores fue la esclavitud, la segregación, el apartheid, el nazismo, el aborto, la templanza, el sábado o hablar en lenguas. Tengo la edad suficiente para haber vivido la lucha de las décadas de los 1980 y los 1990 por los roles de las mujeres en la Iglesia entre bautistas y evangélicos, que llevó a más de una congregación y denominación a fracturarse. Este tema LGBTQ, 25 años después, está haciendo lo mismo. En realidad, es extraño que el gran tema de división en nuestro mundo desordenado de hoy es cómo quizás un veinte por ciento de todas las personas manejan su sexualidad. Ese caso en sí es notable. ¿Qué dice acerca de nuestras prioridades? ¿que lucharemos hasta la muerte por este tema en lugar de, por ejemplo, dividirnos sobre nuestra posición sobre el abuso sexual del clero o las masacres de asesinato o el cuidado de los pobres?

Aun así, este es el tema del momento, y muchos están presionando para que los cristianos serios, pero no fundamentalistas pongan fin a su silencio al respecto, y lo hagan con precisión y profundidad teológico-ética. Llega un momento en que la evasión no puede sostenerse debido a la responsabilidad cristiana misional, vocacional y de liderazgo, así como a nuestras obligaciones cristianas hacia los seres humanos vulnerables. Espero que mis exploraciones puedan ser útiles para las personas y las iglesias que buscan un camino a seguir.

¿Cuál es exactamente el problema?

Cómo y por qué se están reevaluando hoy las interpretaciones cristianas históricas de la sexualidad.

Entonces: ¿Cuál es exactamente el problema por el que todos están peleando?

Un punto de partida podría ser decir que las interpretaciones cristianas históricas de la sexualidad se están reevaluando debido a la evidencia ofrecida en las vidas de aquellos que no se ajustan a la norma heterosexual histórica, junto con la investigación asociada y los esfuerzos de salud mental.

La norma sexual cristiana histórica era exclusivamente heterosexual. (Algunos lo llaman heteronormativo, o más peyorativamente, heterosexista). Declaraba que todos los seres humanos existen en dos sexos distintos, masculino y femenino, y que están divinamente ordenados a tener relaciones sexuales solo con el sexo opuesto. Además, la Iglesia enseñó que el comportamiento sexual debe limitarse a los matrimonios monógamos de por vida y, a menudo, enfatizó la procreación como el propósito divino central de la actividad sexual. Esta norma heterosexual-matrimonial-procreativa también estaba generalmente vinculada a una comprensión patriarcal del género, es decir, las diferencias en los roles y comportamientos de hombres y mujeres (prescritos por Dios) que otorgaba a los hombres un mayor poder. La Biblia fue, y todavía es, citada como autoridad para algunas o todas estas normas relacionadas con el género y la sexualidad. Una amplia gama de prácticas culturales y legales asociadas reflejaron y reforzaron estas creencias teológicas y éticas una vez que el cristianismo se convirtió en la religión oficial o dominante en muchos países, como sucedió aquí en los Estados Unidos.

Estos poderosos paradigmas de sexo y género han sido desafiados de muchas maneras en las últimas décadas. Muchas de nuestras batallas religiosas y de "guerra cultural" más intensas se han librado en este amplio frente entre los defensores y los que se resisten al cambio. (El hecho de no desentrañar y tratar temas específicos por separado ha generado confusión y conflictos innecesarios. Más sobre esto más adelante).

Nuestro tema en este libro, por supuesto, es el desafío particular a la norma que ofrece el descubrimiento/reconocimiento de una presencia persistente en las sociedades humanas de mujeres y hombres que experimentan atracción permanente y exclusiva hacia el mismo sexo en lugar de atracción hacia el sexo opuesto, tanto como aquellos que reportan atracción por ambos sexos; o patrones de deseo fluidos; o identidad de género biológicamente indeterminada o incierta. Varios estudios recientes para los EE. UU. sugieren una población lesbiana, gay, bisexual o transgénero que oscila entre el 3, 4 y el 5 por ciento.

Si no han sido simplemente condenados al exilio o rechazados por completo, a los adultos jóvenes que informan algún nivel de atracción hacia el mismo sexo, especialmente en familias y congregaciones religiosamente conservadoras, a menudo se les ha dicho (en medio de su propia gran angustia espiritual y psicológica) que su "lucha con su sexualidad" puede resolverse a través de la oración, el arrepentimiento, el esfuerzo moral o terapias diseñadas para cambiar su orientación sexual. A menudo también se les ha dicho que su continua aceptación en la vida familiar o religiosa requiere (el éxito de) tales esfuerzos. Probablemente, muchos lectores conocen personalmente a personas —yo ciertamente las conozco— que han intentado sin éxito y con terribles sufrimientos cambiar su orientación sexual bajo presiones religiosas externas o autoimpuestas, tal vez a través de alguna forma de terapia de cambio de orientación sexual. Una colección desgarradora de tales testimonios se encuentra en el libro de Mitchell Gold y Mindy Drucker, Crisis, pero hay muchos otros.[14]

Sin embargo, el fracaso total del movimiento "ex-gay", como lo demuestra el cierre y la disculpa[15] de Exodus International en el 2013 y la declaración de su líder Alan Chambers el año anterior de que el "99,9 %" de las personas a las que habían tratado de ayudar no habían experimentado un cambio en su orientación sexual[16]—ha destruido la plausibilidad de tales esfuerzos. Ya en el 2009, la Asociación Estadounidense de Psicología[17] y el U.K. Royal College of Psychiatrists (en español sería el Colegio Real de Psiquiatras del Reino Unido)[18] advirtieron contra los esfuerzos de cambio de orientación sexual como dañinos, y algunos estados de los EE. UU. ahora están tomando medidas para prohibirlos por completo.[19] Es difícil ver cómo los ministerios cristianos responsables puedan ofrecer o recomendar terapia de cambio de orientación sexual. Varios libros recientes han sido escritos por personas con experiencia en estos ministerios, y estas personas han abandonado o transformado por completo su enfoque.[20]

La investigación y los resultados clínicos como estos han impulsado una reconceptualización dramática de la sexualidad en las ciencias sociales y del comportamiento y en las profesiones de la salud mental.

Las explicaciones que se ofrecen en los libros de texto de psicología ampliamente utilizados, como el texto ofrecido por David Myers, reflejan la investigación actual.[21]

Myers comienza aceptando la diversidad de orientación sexual humana como un hecho. Distingue entre orientación sexual: la dirección del deseo y la atracción sexual-romántica duraderos, en gran parte de origen biológico; identidad sexual: autocomprensión/etiquetado influenciado socialmente; y comportamiento sexual: elecciones y patrones en la actividad sexual. Señala el papel crucial de la cultura en la creación de un contexto para rechazar o aceptar a quienes tienen diferentes orientaciones sexuales, y concluye: "Sin embargo, ya sea que una cultura condene o acepte la homosexualidad, la heterosexualidad prevalece y la homosexualidad sobrevive". Myers afirma que "la orientación sexual en cierto modo es como la lateralidad: la mayoría de las personas son de una manera, algunas de otra. Muy pocos son verdaderamente ambidiestros. A pesar de todo, la forma en que uno es perdura".[22] Por cierto, Myers es un cristiano evangélico que enseña en Hope College en Michigan, una encantadora escuela evangélica en la tradición reformada holandesa.

Incluso si uno acepta las afirmaciones de psicólogos como David Myers, no resuelve las preguntas teológicas y morales planteadas por las Escrituras y la tradición cristiana. Sin embargo, nos da una comprensión crucial sin la cual no podemos luchar adecuadamente con esas interrogantes teológicas y morales. Quizás esta sea la primera bifurcación importante en el camino: algunos tomarán en serio las narrativas personales, la investigación psicológica y las conclusiones clínicas que acabamos de describir, integrándolas en una mayor reflexión y ministerio cristiano, y otros podrían optar por descartarlas. No puedo tomar el último camino.

A continuación, exploraré cómo las comunidades cristianas tradicionalistas y sus líderes intentan actualmente navegar por estas aguas. El panorama es mucho más complejo de lo que piensas.

Un cambio que todos podemos apoyar

Mucho ha cambiado para las personas LGBTQ en los Estados Unidos desde los días de Anita Bryant y Jerry Falwell. Un cambio que todos podemos apoyar, eso espero.

He afirmado que los científicos contemporáneos del comportamiento y los expertos en salud mental han respondido a la evidencia de la investigación y a las vidas de las personas LGBTQ reconceptualizando la sexualidad humana.

Había sugerido que aquí hay una bifurcación en el camino, entre aceptar estas afirmaciones clínicas relativamente nuevas, pero firmemente mantenidas sobre la orientación sexual y negarse a hacerlo. También reconocí que la aceptación de afirmaciones de investigación/clínicas/fácticas no resuelve los problemas morales, aunque debería informar el razonamiento moral. Hay una diferencia entre las afirmaciones de nivel descriptivo y las afirmaciones de nivel prescriptivo, como a menudo les enseño a mis alumnos. Las afirmaciones descriptivas describen lo que está pasando; las pretensiones prescriptivas prescriben acciones y ofrecen normas morales.

En estos dos capítulos siguientes, quiero explorar la trayectoria, a veces sorprendente, de las respuestas en los últimos años al tema LGBTQ en el lado cristiano tradicionalista; es decir, entre los que siguen creyendo y enseñando una ética sexual exclusivamente heterosexual-matrimonial. El panorama ha cambiado de manera positiva para las personas gays, y es importante notar estos cambios.

Cuando el primer gran llamado a la igualdad social para los gays y las lesbianas comenzó a escucharse en los Estados Unidos en la década de 1970, la resistencia cristiana era feroz. Es instructivo recordar las voces de personas como Anita Bryant, quien durante algunos años lideró una feroz campaña contra las personas gays[23] que fue retomada más tarde por Tim LaHaye y otros. La oposición a los derechos de las personas gay fue profunda y generalizada en la agenda de la derecha cristiana, y muchos de nosotros todavía recordamos la forma en que algunos culparon a los gays por traer el juicio divino a los Estados Unidos[24] a través de desastres como el 11 de septiembre y Katrina.

La Iglesia Bautista de Westboro[25] ha brindado un ejemplo aterrador de la supervivencia continua del desprecio "cristiano" por las personas gay y lesbianas, pero su misma marginalidad ha sido una evidencia instructiva del progreso en otros lugares.

Algunos cristianos alguna vez vieron la discriminación contra las personas gays en el empleo, el gobierno y el servicio militar, la vivienda, los derechos de adopción y otros sectores como una marcha para Jesús santificada. Se empleó todo tipo de retórica degradante sobre las personas gays, a veces desde el púlpito. Este clima general contribuyó a las condiciones para mucho lenguaje cotidiano despectivo sobre las personas gays, o personas que "parecían" gays, o que "aparentaban" ser gays, así como otras formas de intimidación directa e indirecta, incluso de los niños. Lo que se proclamaba como lo ideal desde el púlpito con demasiada frecuencia se traducía con menos idealismo en el mundo real.

Recuerdo un incidente muy vívidamente: estaba en un juego de béisbol de ligas menores, hace unos 10 años. Un jugador del equipo contrario tenía un apellido que era muy similar a un término despectivo comúnmente empleado para hombres gays que no estoy dispuesto a publicar. Cada vez que se acercaba a batear, un grupo de jóvenes bien vestidos le cantaban una serenata cerca del dugout de la tercera base. Simplemente cantaron su nombre, una y otra vez, para burlarse de él y, por extensión, de todas las personas que alguna vez han sido llamadas por ese insulto anti-gay en particular.

Más tarde supe que estos jóvenes bien vestidos eran hermanos de una fraternidad en una universidad cristiana cercana.

No estoy diciendo en lo absoluto que la situación se haya transformado, o que las personas LGBTQ ya no experimenten ninguna de estas cosas, o que todavía no haya muchos cristianos que tal vez hacen ese tipo de escenas.

Pero, aun así, el panorama ha cambiado drásticamente. La gran mayoría de los cristianos que podrían clasificarse como tradicionalistas en el tema LGBTQ han retrocedido considerablemente en las afirmaciones y comportamientos de la era de Anita Bryant. Todo esto es para bien.

Rompiendo totalmente con el pasado, aunque por lo general sin reconocer ningún movimiento en su propia posición, los líderes de muchas comunidades o instituciones cristianas tradicionalistas hacen todo lo posible para

Los cristianos gays existen

Cómo incluso ahora hasta los tradicionalistas fervientes
reconocen la existencia de cristianos gays.

Si bien algunas voces tradicionalistas aún lo disputan, más están dispuestas a reconocer que la comunidad LGBTQ contiene una población considerable de cristianos profesantes. Independientemente de cómo se defina a un cristiano, por bautismo, por compromiso personal declarado con Jesucristo, por prácticas y dones espirituales visibles, o por membresía, asistencia y servicio a la iglesia, de hecho, hay millones de cristianos LGBTQ, y muchos más que alguna vez fueron cristianos, pero se han alejado de la Iglesia.

Muchos han reconocido la existencia de cristianos gays a través de su experiencia personal. Yo, por mi parte, he cambiado profundamente, no solo por conocer y relacionarme con numerosos cristianos gays, sino por descubrir que algunos de ellos son teológicamente más conservadores que yo. La conexión mental que alguna vez hacía automática entre "gay" y "liberal", tan común en los círculos tradicionalistas, se ha derrumbado bajo el peso de la evidencia.

No soy el único que ha llegado a esta bifurcación particular en el camino.

Un indicador de un cambio dramático entre los cristianos tradicionalistas es que las voces de muchos conservadores y evangélicos sobre el tema LGBTQ hoy en día se han convertido en cristianos abiertamente gays, pero célibes. Un buen ejemplo es Wesley Hill, profesor de la institución ministerial evangélica Trinity School for Ministry y autor de *Washed and Waiting* (en español se traduciría como lavados y esperando).[34] A menudo, los revisores de libros sobre temas LGBTQ en publicaciones evangélicas emblemáticas como *Christianity Today* ahora son cristianos gays célibes como Hill, no personas heterosexuales.

Esto ciertamente parece al menos un respaldo implícito, como si esa revista evangélica muy cuidadosa estuviera diciendo: Sí, de hecho, hay cristianos gays, y mientras sean célibes, están perfectamente bien con nosotros.

Este cambio se refleja en un desarrollo terminológico fascinante en la conversación evangélica. Esto implica delimitar entre cristianos del "Lado A" y del "Lado B"[35] una distinción que surgió originalmente en el diálogo cristiano gay interno.

En cuanto al reconocimiento de la realidad de la orientación sexual, los cristianos del Lado A creen que es posible que los creyentes gays entren en relaciones amorosas de pacto con personas del mismo sexo con la bendición de Dios. La gente del lado B cree que Dios nunca bendice las relaciones entre personas del mismo sexo. En línea y en lugares como la conferencia anual Gay Christian Network (en español se traduciría como La red cristiana gay, esta organización hoy día ha cambiado de nombre y liderazgo y se llama Q Christian Fellowship)[36] estos dos grupos se reúnen e intentan estar en una comunidad cristiana y apoyarse mutuamente. Los cristianos heterosexuales podrían aprender de la tolerancia mostrada por estos cristianos gays, que tienen mucho más en juego en este tema que el resto de nosotros.[37]

He aprendido a nunca asumir la "posición" de una persona sobre la moralidad de las relaciones LGBTQ en función de su orientación o identidad sexual declarada. Conozco a cristianos heterosexuales que toman el Lado A cuando se trata de relaciones gays pactadas, y cristianos gays que adoptan el Lado B debido a lo que entienden que Dios requiere. Para agregar otra complejidad, conozco a cristianos abiertamente gay que están en matrimonios heterosexuales en los que su cónyuge conoce su orientación sexual. Los pastores que ministran en este ámbito deben ser conscientes de estas complejidades. La buena educación teológica/pastoral sigue siendo importante.

Hemos avanzado bastante desde el 1964, cuando el prominente ministro Robert Cromey fue malmirado y amenazado dentro de su denominación por tan siquiera atreverse a reunirse con personas gays, y en ese entonces el desprecio burlón, el posible encarcelamiento y la violencia brutal hacia las personas gays eran a menudo la norma. (Sin embargo, la situación sigue siendo así de terrible en otras partes del mundo, incluida África, donde el cristianismo retrógrado está jugando un papel importante. El contraste con la discusión generalmente más cortés de los Estados Unidos hoy en día es en sí mismo instructivo).

Lo que el especialista en ética sexual James Nelson una vez llamó la posición "rechazante-punitiva"[38] hacia las personas gays se ha debilitado en el frente interno. Aun así, cuando las familias rechazan a sus propios hijos, ya sea de forma punitiva o no, sigue siendo enormemente dañino, como indican muchos relatos desgarradores de adolescentes gays expulsados por la familia y suicidios gays. (Sobre este punto, revisé el importante trabajo del Proyecto de Familias por la Aceptación.[39]) Recientemente supe que un grupo llamado Lost-N-Found (en español esta organización se llamaría Perdidos y encontrados) en mi propia comunidad de Atlanta ha abierto un refugio para adolescentes gays sin hogar,[40] expulsados de sus familias. Uno solo puede llorar ante el hecho que esto de hecho sea necesario. Es justo decir que incluso cuando algunos líderes cristianos tradicionalistas se retiran a la línea del Lado B de "afirmar el celibato-gay", muchos en las bases cristianas no están recibiendo ese mensaje, para gran sufrimiento de sus propios hijos. *El simple hecho que los lugares menos seguros para tratar los problemas de orientación e identidad sexual son la familia cristiana y la iglesia es algo terrible.*

Aun así, en las conversaciones cristianas más sofisticadas de hoy, incluso entre muchas del lado tradicionalista, el tema LGBTQ ya no se expresa en el lenguaje de la desviación y el fuego del infierno, con la palabra "gay" u "homosexual" poco más que un epíteto. En cambio, es esto: si reconocemos la existencia de un pequeño pero persistente porcentaje de la comunidad humana y cristiana que no es heterosexual, o únicamente heterosexual, ¿qué hacemos ahora? ¿Cómo se integrarán los cristianos LGBTQ dentro de la vida congregacional? ¿Qué dice y exige el Evangelio? ¿Se pueden reabrir los temas de ética sexual y exegética? ¿Quién tiene la autoridad para tomar estas determinaciones? ¿Y dónde está Dios en todo esto?

Estos serán temas de reflexión posterior. Pero *independientemente de su postura sobre los temas de ética sexual*, si se ha quedado conmigo en este libro hasta ahora, espero que esté de acuerdo en que todos los cristianos deben estar ansiosos por ofrecer una comprensión y hospitalidad bien informadas a las personas de orientación e identidad no heterosexual en nuestras familias e iglesias. Cualquier cosa menos que eso no es consistente con los requisitos del Evangelio.

Seis opciones para las iglesias

*Seis opciones sobre cómo puede responder una iglesia
a la llegada de parejas gays a su seno.*

¿Cuál es la postura que deben tener los pecadores perdonados en la iglesia hacia otros pecadores perdonados?

El Papa Francisco sacudió al mundo cristiano con su respuesta en una entrevista en el 2013 cuando se le preguntó acerca de los sacerdotes gays célibes en la Iglesia Católica Romana. Esto fue lo que dijo: "Si alguien es gay, que busca al Señor y tiene buena voluntad, ¿quién soy yo para juzgar?"[41]

Rápidamente el Vaticano dejó en claro que el Papa no estaba señalando un cambio en la teología moral católica. Pero estaba señalando un cambio en el tono moral papal. Este Papa conduciría con un bienvenido énfasis en la humildad, el servicio y el amor, no en el juicio y la condenación. El Papa aceptó que hay cristianos gays y que pertenecen a la familia de la iglesia, incluso si no puede haber una reconsideración de la ética sexual cristiana.

Entonces, digamos que una congregación medio se asoma al tema al darle la bienvenida a los cristianos gays célibes a la membresía y la participación sin obstáculos en la congregación. Luego, sin embargo, se corre la voz de que esta congregación es un lugar seguro y amigable para los cristianos gays. Pronto una pareja gay en una relación seria o incluso casada se presenta para ser miembro, tal vez sin saber que existe una línea moral formal o informal sobre este tema precisamente en este punto. Si son aceptados como miembros, tal vez una o dos parejas más se unan. Esto es probablemente inevitable, porque muchos cristianos gays están buscando un lugar seguro para (re)ingresar a una comunidad cristiana, y cuando encuentran uno, invitan a sus amigos. Y la mayoría de los cristianos gays y lesbianas no están comprometidos con el celibato, al igual que la mayoría de los cristianos heterosexuales no son célibes. El celibato siempre ha sido un llamado excepcional y anómalo en la iglesia cristiana.

Y es justo en este punto que el resto de nosotros, pastores-/líderes de iglesia-/personas de iglesia, no podremos evitar averiguar qué debemos hacer y decir en respuesta.

Hay seis opciones:

1. **La opción de "no hacer preguntas".** Algunas iglesias por defecto dan la bienvenida a las parejas gays pactadas sin tratar los asuntos éticos relevantes en absoluto, ya sea desde el púlpito o en cualquier otro lugar. Si la política general de membresía de una iglesia no implica un examen moral o la responsabilidad de la iglesia, difícilmente tendría sentido comenzar a hacerlo solo con esta población y sobre este tema. (Aunque, por supuesto, esto es a menudo lo que sucede, dejando a la congregación abierta a la acusación de moralidad selectiva).

2. **La opción "¿quiénes somos nosotros para juzgar?".** Algunas iglesias toman la posición implícita o explícitamente de que la iglesia es un "hospital de campaña" (otra imagen que ha usado el Papa Francisco) para los pecadores heridos, de los cuales cada uno de nosotros es el peor, en lugar de una comunidad de perfectos. Por lo tanto, nuestra postura predeterminada es: ¿Quiénes somos nosotros para juzgar, cuando alguien entra en la comunidad cristiana, incluso si están involucrados en una relación que algunos de nosotros podríamos pensar que es pecaminosa? Esta es una postura en la que *cada uno de nosotros no juzga a nadie excepto a nosotros mismos.* ¿Quién eres tú para juzgar al siervo de otro? (Romanos 14:4) Estamos haciendo nuestro propio trabajo de eliminación de la viga en nuestro ojo todo el tiempo, lo que nos hace estar demasiado ocupados para señalar la paja en el ojo del otro (Mateo 7: 1-5).

3. **La opción de "dialogar para discernir".** Algunas iglesias ahora dicen que el estado moral ante Dios de las relaciones gays pactadas es incierto, o que la opinión dentro de la comunidad cristiana y nuestra congregación es insegura o dividida. Declaran un período de diálogo para el discernimiento, un tiempo de escuchar juntos, a veces invitando o dando la bienvenida al diálogo a vecinos y/o cristianos LGBTQ interesados, incluidas las parejas. O, yendo un poco más allá, como los evangélicos Ken Wilson y Wendy VanderWal-Gritter, algunos declaran que esto es un "asunto discutible" en términos de Romanos 14 y deciden convivir juntos en una comunidad tolerante y amorosa a pesar de las diferencias de convicción a largo plazo.[42]

Ciertamente necesitamos buenos modelos de diálogo sobre este tema.[43]

4. **La opción de "la adaptación pastoral".** Algunas iglesias adoptan implícita o explícitamente la posición de que, si bien el plan de Dios (original/ anterior a la caída/mejor/destinado) para la sexualidad es el matrimonio heterosexual monógamo de por vida, la iglesia contemporánea está llena de personas en todo momento que no cumplen con ese plan, debido a que nos quedamos cortos en todas las áreas de la vida, como, por ejemplo, la ira, la codicia, la venganza o la glotonería. Entonces, la iglesia y sus pastores están constantemente haciendo adaptaciones pastorales a las realidades de la vida en un mundo caído.

Ciertamente es cierto, por ejemplo, que la enseñanza de Jesús sobre el divorcio (Mateo 19:1-12 y Marcos 10:1-12), difícilmente da cabida al divorcio masivo por motivos de incompatibilidad que encontramos en nuestra cultura. Sin embargo, la Iglesia, incluidas la mayoría de las iglesias tradicionalistas, que han estado suavizando su postura durante años en este caso, acomoda a muchas personas y parejas que están en su segundo o tercer divorcio y/o matrimonio. Y esto ni siquiera habla de las brechas en la adhesión a la ética de "sexo dentro del matrimonio solamente" por parte de los solteros heterosexuales, especialmente con el rápido aumento de la cohabitación.

La decisión pastoral de tratar de ministrar sanidad y dirección a tales parejas *donde estén*, incluso si no es "lo mejor de Dios" según lo diseñado, podría extenderse a las parejas de gays y lesbianas.

Tenga en cuenta que estas primeras cuatro opciones no requieren una reconsideración directa de la tradición moral cristiana o la ética sexual. Plantean preguntas eclesiológicas más que cualquier otra cosa, especialmente la cuestión de si las iglesias son capaces o incluso están interesadas en practicar alguna forma de membresía responsable o disciplina eclesiástica. Pero ese problema es perenne en la vida de la iglesia.

Aquí hay otra bifurcación en el camino.

Las opciones 1 a 4 representan al menos un punto final temporal en el tema LGBTQ para aquellas iglesias o cristianos que toman esas opciones. No hacemos preguntas; no juzgamos a los demás; estamos dialogando sobre esto, o lo consideramos un asunto discutible; estamos haciendo adaptaciones pastorales a una iglesia llena de gente quebrantada. Mientras tanto, vengan todos, y lo resolveremos juntos con la ayuda de Dios. Si las iglesias pudieran ser explícitas sobre qué dirección están tomando, eliminaría mucha incertidumbre para todos.

Las iglesias podrían hacerlo mucho peor que esto. Por ejemplo, para evitar el problema por completo, podrían hacer lo que algunas iglesias todavía hacen:

5. **La opción "exclusionista".** Algunas iglesias simplemente niegan la admisión a la membresía de la iglesia a cualquier persona gay (incluso si es célibe) o, más a menudo, marcan el límite no dando la bienvenida a los gays no célibes, como las parejas gays. Llamemos a estos "5a" y "5b". Pero luego, cuando el hijo de alguien resulta ser gay, no hay forma de evitar el problema dentro de la congregación más que exiliarlo de la Iglesia a menos que se comprometa con el celibato. Y estas iglesias a menudo tienen miembros gays que no han salido del armario en ellas, porque ese 3.4 a 5 por ciento de la población también se encuentra en estas congregaciones.

Las opciones 1 a 4 parecen una buena solución para muchas iglesias. Pero la experiencia tiende a mostrar que estos enfoques dejan preguntas sin examinar para tener mayores posiciones o cargos dentro de la iglesia, donde surgen más tarde, sobre la práctica de la Iglesia y temas de liderazgo, como si los cristianos gays pueden servir como diáconos o ministros, o si las congregaciones pueden bendecir uniones o matrimonios gays, o incluso si las parejas gays pueden ser fotografiadas juntas para el directorio de la iglesia.

La opción 5a me parece a mí, y a muchos otros, incluidos muchos tradicionalistas, incompatible con el camino de Jesús, con el latido amoroso de nuestras congregaciones en su mejor momento, o con la misión evangelizadora y de discipulado de la iglesia. Se siente más como actuaron los adversarios de Jesús, en lugar de como actuó él.

La opción 5b asume una postura tradicionalista sobre el tema de la ética sexual y coloca a las congregaciones y sus líderes en la difícil posición de hacerla cumplir, a lo largo de toda la vida de la congregación, si han de ser consistentes.

Y la última:

6. **La opción de "la reconsideración de la normativa".** Algunas iglesias han estudiado los textos bíblicos y la tradición cristiana y las realidades contemporáneas y han llegado a la conclusión de que es necesario revisar la ética exclusivamente heterosexual.

Eso, por supuesto, es la última bifurcación en el camino.

Si aquí es donde se baja del autobús

Si aquí es donde se baja del autobús en este viaje por el tema LGBTQ, aquí hay siete cosas que usted y todos nosotros podemos hacer.

A estas alturas debería quedar claro que el tema LGBTQ no es de ninguna manera un problema único, y que su complejidad requiere una respuesta suficientemente compleja.

Los lectores cuidadosos verán que mi enfoque en estos capítulos hasta ahora ha sido tratar de identificar áreas de acuerdo cristiano bastante amplio.

Espero haber atraído a la gran mayoría de los lectores sobre las siguientes afirmaciones, que generalmente he identificado como "bifurcaciones en el camino". Ninguno de ellos está directamente relacionado con el argumento normativo tradicionalista/revisionista, pero todos lo inciden.

- Ya sea con razón o no, el tema LGBTQ se ha convertido en el más candente de los temas candentes de nuestra generación, por lo que, en última instancia, *la evasión* resulta insuficiente. Todos tendrán que indagar qué pensarán y qué harán al respecto.

- Las interpretaciones cristianas históricas de la sexualidad se están reconsiderando debido a la evidencia ofrecida en las vidas de aquellos que no se ajustan a la norma heterosexual histórica, junto con la investigación asociada y los esfuerzos de salud mental. Algunos están abiertos a esta reconsideración, otros se oponen ferozmente. El sufrimiento de los cristianos LGBTQ angustiados es un factor para la mayoría de los que están abiertos a reconsiderar la tradición cristiana.

- Varios estudios recientes para los EE. UU. sugieren una población lesbiana, gay, bisexual o transgénero que oscila entre el 3, 4 y el 5 por ciento. La diversidad de orientación e identidad sexual humana es un hecho, visto en todo el mundo.

- El fracaso admitido del movimiento ex-gay y el gran sufrimiento que ha causado ha destruido la plausibilidad de los esfuerzos de cambio de orientación sexual. Cualquiera que sea el enfoque pastoral que adopte la Iglesia, no debe ser tan desacreditado y dañino.

- Los cristianos tradicionalistas han recorrido un largo camino desde la década de 1970 al rechazar la criminalización, la discriminación, el discurso despectivo, la intimidación, la violencia, la estigmatización y la deshumanización de las personas gays. Estas son buenas noticias.

- Si bien algunas voces tradicionalistas aún lo disputan, más están dispuestas a reconocer que la comunidad LGBTQ contiene una población considerable de cristianos profesantes. Los cristianos gays célibes, a veces llamados cristianos del lado B (consulte el Capítulo 4 para obtener más información al respecto), en realidad aparecen en gran parte de la literatura tradicionalista contemporánea.

- Las iglesias tienen al menos cuatro opciones para dar la bienvenida a los que buscan a Dios que son gays o cristianos que no implican el rechazo de la ética sexual exclusivamente heterosexual: estas son la opción de "no hacer preguntas", la opción de "¿quiénes somos nosotros para juzgar?" la opción de "diálogo para el discernimiento/asunto discutible" y la opción "acomodación pastoral". Estos implican preguntas mucho más amplias en la eclesiología, como lo que significa ser miembro de la iglesia y si las iglesias practicarán alguna forma de lo que solía llamarse disciplina de la iglesia. El tema LGBTQ salía a relucir, pero no *creaba*, este problema eclesial más amplio.

Puede haber un gran número de lectores, quizás especialmente tradicionalistas, que querrán bajarse del autobús en este punto. Pero si lo hace, le pido que piense un poco más sobre las implicaciones de lo que ha "acordado" hasta ahora. Creo que esto les deja a ustedes, a todos nosotros, con un poco de tarea que aún debe hacerse. Ya sea que decidamos continuar con esta tarea marca otra bifurcación importante en el camino.

1. *Lea narraciones de personas LGBTQ, así como trabajos acreditados en psicología contemporánea* para informar sus interacciones con esta población y las formas en que habla en privado y en público sobre estos temas. Sumérjase, aunque solo sea para estar mejor informado.

2. *Tenga en cuenta que en cualquier sala con 20 o más personas, lo más probable es que al menos una sea LGBTQ* en orientación y/o identidad. Agregue a esto los amigos y familiares y otras personas que aman ferozmente a las personas LGBTQ. Entonces, cada vez que usted o yo hacemos una declaración sobre "los gays" o "esas personas", probablemente estemos hablando de personas que están en la sala con nosotros. Hable con el consiguiente cuidado. Las personas se molestan cuando se habla de sus seres queridos sin cuidado o con desdén.

3. *Comprométete a nunca aceptar discursos despectivos o cualquier forma de intimidación o maltrato de personas LGBTQ en tu presencia,* no más de lo que permitirías que las personas usen la despectivas como la palabra N (palabra en inglés para referirse de forma despectiva a las personas morenas) en los EE. UU. hacia las personas morenas en tu presencia. Si eres padre o pastor de jóvenes, *nunca* permitas que los niños usen términos como "gay", "maricón" o "cuir (queer)" como insultos. Si eres un estudiante universitario o un adolescente, nunca aceptes la intimidación o las calumnias sin cuestionarlas. Si su pastor dice cosas hirientes desde el púlpito, pídale que se detenga y explíquele por qué. Este compromiso requiere coraje y voluntad para enfrentar el desprecio por defender a las personas gays.

4. *Ayude a los padres a responder de manera constructiva cuando sus hijos se declaren gays o lesbianas o expresen preguntas sobre su sexualidad.* Haga de su iglesia un contexto donde los padres sepan que la respuesta correcta a sus hijos adolescentes es nunca rechazarlos como seres humanos, nunca echarlos. ¿Sabías que hay padres que les dicen a sus hijos gays que desearían que esos niños nunca hubieran nacido? ¿Padres que se niegan a reconocer la existencia de un niño una vez que se declara gay? Por favor: ¡nunca, nunca más! Y si conoce a un adolescente o adulto joven que ha sido rechazado por su familia porque es gay o lesbiana, ofrézcale a ese niño amor y hospitalidad cristiana.

5. Trate de conocer a cristianos gays (o excristianos) si tiene la oportunidad. Escuche sus historias con un espíritu enseñable.

6. *Conviértase en un defensor de la bienvenida de los cristianos LGBTQ en su congregación hasta el punto máximo teológicamente posible en su entorno.* Pida algo de claridad a los líderes de su iglesia. Termine con el evitamiento

7. *Incluso si se opone al matrimonio gay civil, considere medidas de política pública que pueda apoyar.* Tal vez puedas respaldar el plan educativo anti-bullying (contra-acoso) en las escuelas, o las leyes que clasifican los ataques

físicos a los gays como un crimen de odio. Tal vez pueda apoyar las leyes contra la discriminación en el empleo con exenciones para los empleadores religiosos. Tal vez usted pueda oponerse a la legislación a menudo demagógica relacionada con lo que dice el currículo de las escuelas públicas sobre las personas gay y lesbianas. En Carolina del Sur, por ejemplo, a los maestros se les permite mencionar la homosexualidad, pero solo en relación con las enfermedades de transmisión sexual.[44] Cualquier cosa que decidas que puedas apoyar, hazlo públicamente. Esto establece un buen ejemplo para los demás y ayuda a los observadores a ver que ser cristiano no es igual a ser antigay.

Si aquí es donde se baja del autobús, vaya con un nuevo sentido de resolución de amar y servir a las personas LGBTQ y de hacer de su familia, grupo de amistades e iglesia un lugar seguro y amoroso para todos, y resistir el camino más fácil de silencio o indiferencia.

Si está dispuesto a profundizar en el tema, siga leyendo mientras abordé la disputa normativa sobre las relaciones entre personas del mismo sexo y la Biblia.

Inspiración bíblica,
interpretación humana

Acerca de tomar en serio la inspiración y la autoridad bíblica mientras se reconoce humildemente una larga historia de luchas cristianas sobre "lo que dice la Biblia".

La Biblia (protestante) tiene 66 libros, 1,189 capítulos y 31,273 versículos, hablados, escritos y editados durante más de un milenio, en tres idiomas diferentes, en múltiples escenarios sociales, por docenas de autores, con la última composición completada hace más de 1.900 hace años que. A pesar de estas evidencias obvias de autoría humana, los cristianos en la mayoría de las confesiones, de los cuales yo soy uno de ellos, históricamente también han afirmado que esta Biblia es divinamente inspirada, veraz y confiable, y que tiene una autoridad única para guiar la fe y la práctica cristiana.

Los protestantes, más que otros cristianos, han tendido a afirmar que la Biblia es la principal o incluso la única autoridad para determinar la verdad en la teología y la ética cristianas. Algunos protestantes conservadores han aumentado sus afirmaciones sobre la verdad de las Escrituras con lenguaje como la *infalibilidad* y *sin errores*. Cuanto más elevadas y exclusivas son las afirmaciones sobre la verdad y la autoridad de las Escrituras, más intensos son los debates sobre cómo debe interpretarse la Biblia. Las afirmaciones sobre (mi/nuestra interpretación de) lo que "la Biblia enseña" se consideran como solución a todos los temas controvertidos.

Los protestantes tradicionalistas afirman que sus afirmaciones de conocimiento se basan en la inspiración y la autoridad bíblica, a diferencia de los tradicionalistas católicos que con mayor frecuencia hacen tales afirmaciones basados en la ley natural o la autoridad de la enseñanza de la Iglesia divinamente inspirada, de la cual la Biblia fue la primera etapa, y generalmente expresan una fuerte certeza de que *la Biblia* enseña claramente que no puede haber relaciones moralmente legítimas entre personas del mismo sexo (sexual-románticas). Algunos expresan su incredulidad de que cualquier punto de vista alternativo esté incluso bajo discusión. Esto se ve como el último caso abierto y cerrado basado en el "sentido literal" de las Escrituras.

Los escépticos, por otro lado, preguntan cómo es exactamente que los cristianos "saben" que una porción particular de los 66 libros, 1,189 capítulos y 31,273 versículos de la Biblia (protestante) debe ser seleccionada y reunida para una cita autorizada cuando sea el momento de argumentar sobre este o cualquier otro tema contemporáneo. Además, preguntan cómo saben los cristianos de qué manera interpretar los versículos que seleccionan del extenso canon de las Escrituras.

Le pediré en los próximos capítulos que considere cómo los cristianos *conectan los puntos bíblicos* dentro del extenso canon de las Escrituras cuando se trata de este tema o cualquier otro, y cómo sabemos quién lo está haciendo bien. ¿Quién determina con autoridad si estamos conectando los puntos bíblicos correctamente?

Algunos escépticos consideran que esta conexión de puntos es un proceso esencialmente aleatorio, arbitrario y sin normas, o uno más determinado por preferencias personales o relaciones de poder que cualquier otra cosa. (Algunos de esos escépticos, por cierto, son nuestros propios hijos, cansados de nuestros argumentos).

A veces, tal escepticismo está bien informado por el conocimiento de una larga historia de argumentación cristiana a menudo amarga y, a veces, mortal sobre una amplia gama de temas teológicos y morales. En esta historia:

- Los cristianos han llegado a conclusiones fundamentalmente diferentes sobre un sinnúmero de temas.
- Los cristianos han citado las Escrituras en todos los aspectos de estos temas.
- La opinión cristiana mayoritaria sobre varios temas a veces ha cambiado profundamente
- Los cristianos a menudo se han sentido tan apasionados por la Verdad tal como la ven, que han buscado excluir o destruir a sus enemigos, y lo han hecho cuando estaban lo suficientemente empoderados.

Podríamos debatir cuales son los temas teológicos y morales más duramente disputados en 2000 años de historia cristiana debido a que son varios los candidatos, temas sobre los cuales cristianos fieles han citado las Escrituras unos contra otros. Los problemas aleatorios que he estudiado o presenciado que podrían formar parte de esa lista incluirían:

- Si los católicos, o los protestantes, o los bautistas, o…. deben ser perseguidos o procesados.

- Si el calvinismo o el arminianismo es más preciso en la descripción del rol divino y humano en la salvación.

- Si las prácticas carismáticas/pentecostales son obligatorias, permisibles o "del diablo".

- El plan de Dios para los roles de hombres y mujeres en la iglesia, el hogar y la sociedad.

- Si la tortura de los prisioneros estadounidenses en la Guerra contra el Terror podría ser moralmente legítima.

- La moralidad de la venta y uso del alcohol.

- La naturaleza de la observancia cristiana apropiada del sábado.

- La moralidad de [nombre de su] guerra.

- Si las Escrituras ordenan, permiten o prohíben la esclavitud, la colonización o la abolición.

- La moralidad de la continua segregación racial en los EE. UU. frente a la integración racial en las décadas de los 1950 y los 1960.

- El sistema económico preferido de Dios entre el capitalismo, el socialismo y una tercera vía.

- Si cooperar con el nazismo o resistir, y en qué puntos, en la Alemania de la década de los años de los 1930.

- Qué pensar y hacer acerca de los judíos, teológica y políticamente (ver el capítulo 20).

- Qué pensar sobre el Israel moderno.

- Qué esquema escatológico (sobre la muerte, el juicio y el destino final del ser humano y de la creación) abrazar.

- La moralidad del apartheid en Sudáfrica.

- La moralidad del trabajo infantil y otras prácticas del capitalismo industrial no regulado.

- Si el divorcio pudiera ser permisible y por qué motivos.

- La moralidad de comer carne de criadero industrial.

- [Inserte su problema aquí]

Con cada uno de estos temas, es fácil encontrar literatura contemporánea relevante que etiqueta los distintos lados como "*la* posición bíblica" y el lado opuesto como no bíblico.

Los interlocutores más interesantes en cualquier debate moral o teológico cristiano contemporáneo son aquellos conscientes de que estos campos de batalla interpretativos históricos, a menudo sangrientos, llenan el panorama cristiano. Estas almas sabias son, por tanto, conscientes de que *los textos de la Escritura, por un lado, y el proceso interpretativo, por el otro, no son lo mismo.* Reconocen que los cristianos fuertemente comprometidos con Cristo, las Escrituras y la verdad, con frecuencia difieren. Reconocen que la interpretación que cualquier persona haga de un texto o de un tema en un momento dado puede resultar bastante equivocada. Entienden, por lo tanto, que la humildad y la caridad son necesarias cuando se entablan argumentos teológicos y morales. Los debatientes menos interesantes son aquellos que parecen no haber aprendido nada de nuestra propia historia en conflicto, y que por lo tanto repiten esa historia una y otra vez en su certeza de que *su lectura de un texto* es "la propia verdad de Dios".

Todas estas peleas sobre los textos bíblicos y su interpretación, por supuesto, llevan a muchos a un profundo escepticismo en cuanto a si el canon de las Escrituras debe ser visto con una autoridad tan profunda. Algunos de estos escépticos son compañeros cristianos, a menudo (ex) protestantes marcados por demasiadas batallas sobre la Biblia. Los católicos y los ortodoxos orientales, por supuesto, han intentado resolver sus problemas de autoridad religiosa de diferentes maneras. Es posible que haya notado que no es más fácil para ellos. *Debido a que los humanos ven oscuramente a través de un espejo, no hay forma de que evitemos las luchas sobre afirmaciones de verdad contrapuestas y cómo se basan en la autoridad.*

Las preguntas acerca de por qué los textos sagrados antiguos todavía tienen tanta autoridad en las comunidades religiosas contemporáneas, o si hay alguna rima o razón en la forma en que los creyentes conectan los puntos bíblicos, o si alguien puede afirmar coherentemente que ofrece "la perspectiva bíblica" sobre cualquier tema, son sumamente importantes. Hay quienes consideran tales preguntas tan intrínsecamente devastadoras que todos los esfuerzos cristianos por proponer una norma moral y basarla en citas bíblicas son esencialmente inválidos, o que la perspectiva de nadie es más defendible que la perspectiva de los demás. Cuán a menudo he citado un pasaje de la Biblia en un artículo en línea sobre algo e inmediatamente he recibido citas burlonas de Levítico. El humor caprichoso sobre la locura de intentar leer la Biblia como si pudiera tomarse como una autoridad es común hoy en día.

En estos capítulos, no escribo realmente para tales escépticos. En cambio, escribo para los hermanos creyentes que, a pesar de todo, han conservado una fuerte creencia en la inspiración y la autoridad de la Biblia para la vida cristiana, como yo.

Escribo para los cristianos que creen que existen formas mejores y peores, más o menos defendibles, de seleccionar, interpretar y aplicar las Sagradas Escrituras para abordar problemas específicos.

Escribo para aquellos que creen que cualquiera que intente proponer normas morales para los cristianos contemporáneos necesita hacer su tarea bíblica, mostrar su operación (como en la clase de álgebra) y probarlo en la comunidad.

También escribo para aquellos que son conscientes de que, si bien la investigación teológica y moral se basa en una excelente exégesis e interpretación bíblica, *se requieren procesos más amplios de análisis y discernimiento, en una comunidad cristiana amorosa, integrando la cabeza y el corazón, para comprender no solo lo que un texto una vez haya significado, sino lo que significa para la Iglesia creyente hoy.*

Escribo para los que piensan que la indagación individual y colectiva, honesta y justa, es indispensable en la vida cristiana, y que precisamente así se busca entre nosotros la verdad, con la ayuda del Espíritu Santo.

A continuación, con este espíritu, comenzaré a indagar en los textos generalmente tratados como más relevantes para el tema LGBTQ.

Cómo conectan los tradicionalistas los puntos bíblicos

Cómo conectan los tradicionalistas "los puntos bíblicos" en el tema LGBTQ y cómo no argumentar en contra de ellos.

Los fundamentos de la lectura tradicionalista de las Escrituras sobre las relaciones entre personas del mismo sexo se pueden representar con esta fórmula, aunque, por supuesto, hay variaciones:

> Génesis 1-2 + Génesis 19 + Levítico 18:22/20:13 + Jueces 19 + Mateo 19:1-12/ Marcos 10:2-12 + Romanos 1:26-27 + 1 Corintios 6:9/ 1 Timoteo 1:10 [+ Efesios 5:22-33 y todas las demás referencias bíblicas al sexo y al matrimonio asumiendo o representando a hombre + mujer] = una clara prohibición bíblica de las relaciones entre personas del mismo sexo.

Aquí resumo estas referencias de la manera más equilibrada posible:

Génesis 1-2 ofrece relatos de la creación en los que 1) Dios hace a la humanidad hombre y mujer y les ordena/bendice que sean fructíferos y se multipliquen y 2) Dios responde a la soledad del hombre creando a la mujer y luego dándosela al hombre, con el narrador conectando esto con el matrimonio.

Génesis 19 y Jueces 19 cuentan historias de hombres perversos de la ciudad local que buscan agredir sexualmente a los huéspedes masculinos que reciben hospitalidad en los hogares locales.

Levítico 18:22 manda a los hombres que no se acuesten con hombres como con mujeres; Levítico 20:13 prescribe la pena de muerte por este delito. La palabra hebrea *toevah* utilizada en estos pasajes generalmente se ha traducido como "abominación".

Mateo 19:1-12 / Marcos 10:2-12 son los textos principales que representan a Jesús respondiendo a preguntas sobre la moralidad de los hombres que se divorcian de sus esposas. Él apela a los dos textos de creación señalados anteriormente para fundamentar su respuesta rigurosa, estableciendo límites estrictos para iniciar el divorcio. Se añade una enseñanza sobre los eunucos al final de la versión de Mateo.

Romanos 1:26-27 es parte de un argumento que Pablo presenta acerca de por qué todos necesitan la salvación ofrecida en Jesucristo. Posiblemente en un esfuerzo por ilustrar la idolatría y la pecaminosidad de la parte gentil de la comunidad humana, Pablo aparentemente hace una referencia negativa a los actos sexuales entre personas del mismo sexo por parte de hombres y mujeres. Más tarde, enumera 21 ilustraciones más.

1 Corintios 6:9 y 1 Timoteo 1:10 ofrecen listas de vicios como parte de las exhortaciones morales a la vida cristiana. Las palabras griegas *malakoi* y especialmente *arsenokoitai*, usadas en estos pasajes, a veces han sido traducidas al inglés como "homosexuales" (en casi todas las versiones) o "sodomitas" (*Nueva versión internacional*). Estas traducciones, aunque varían ampliamente en muchas Biblias en español, han sido formativas para muchos cristianos.

Otros textos en los que solo hombres y mujeres tienen relaciones sexuales, y hombres y mujeres se casan, también podrían incluirse y, a veces, se enumeran en el lado tradicionalista.

Si tomamos los textos más citados sobre el tema desde el lado tradicionalista, se derivan de 11 de los 1.189 capítulos de la Biblia. Pero no es inusual escuchar la afirmación más amplia de que cada vez que la Biblia menciona el sexo lícito, es exclusivamente heterosexual.

En capítulos futuros, trataré de abordar, al menos brevemente, las cuestiones interpretativas esenciales en torno a cada uno de estos pasajes, y propondré otras formas posibles de conectar los puntos bíblicos.

Pero por ahora, quiero hacer algunas recomendaciones sobre cómo no argumentar en contra de los tradicionalistas. Estas afirmaciones se hacen sobre bases teológicas, éticas y prudenciales, y están dirigidas principalmente a mis amigos progresistas. Por favor, amigos:

No descarte los pasajes citados por los tradicionalistas como "textos garrotes", usados con malicia para dañar a las personas gays. Ciertamente, hay algunos que usan la Biblia de manera atroz para golpear a otros, pero también recuerden a los cristianos de buen corazón que simplemente intentan ser cristianos fieles y no tratan de apalear a nadie cuando citan los pasajes que creen que son más relevantes para el tema.

No desestime a autores (Pablo) o secciones (Antiguo Testamento) completas de las Escrituras como si nosotros, la buena gente contemporánea, supiéramos que estos tienen poco que decir a nuestro informado mundo moderno, al menos no si quiere que los cristianos tradicionales le tomen en serio.

No descarte a las personas que citan la Biblia en contra de su punto de vista simplemente como fundamentalistas o alguna otra frase despectiva. No es útil, y la mayoría de las veces no es justo. Los insultos rara vez hacen avanzar la búsqueda de la verdad o la salud de la comunidad cristiana.

No descarte la ética sexual cristiana tradicionalista como simplemente parte de una agenda general anti-cuerpo, anti-sexo, anti-mujer, anti-placer. Seguramente este ha sido un hilo de la historia cristiana. Pero puedo señalarle a un trillón de cristianos que aman el cuerpo, el sexo, las mujeres, los hombres y el placer, pero leen la Biblia de una manera tradicionalista sobre este tema.

No se limite a señalar temas amplios de liberación, justicia o inclusión de los marginados como si esos temas bíblicos importantes e imperativos invalidaran *ipso facto* la necesidad de tratar los textos citados del lado tradicionalista.

No asuma que el problema se resuelve haciendo afirmaciones de ser "profético". Esta es una gran declaración, y debemos recordar que algunos en el otro lado de este problema también están haciendo la misma declaración lo cual nos ayuda a no decir tal cosa. Solo Dios puede validar quién realmente está siendo profético.

No se limite a decir que es hora de que los cristianos "se pongan al día con la cultura" o dejen de quedarse "atrasados". El hecho de que una cultura en particular se haya movido a un punto en particular no prueba nada, porque las culturas a veces están bastante equivocadas.

La discusión sobre la sexualidad hoy en día es seria. Requiere un trabajo serio. Pero cuando los progresistas dan estas respuestas por modo automático y se niegan a abordar las preocupaciones reales del otro lado, se muestran *fundamentalmente poco comprometidos acerca de las Escrituras, la teología, la ética o el discipulado cristiano.* Y sospecho que esta es la razón principal del nivel de pasión sobre este tema en el lado tradicionalista. Consideran que el tema LGBTQ es un símbolo de un problema mucho más amplio en la vida de la iglesia. Esa preocupación también debe abordarse.

Los pecados de Sodoma (y Gabaa)

*Una interpretación de las historias de Sodoma (y Gabaa),
muy fatalmente destructivas en la formación de actitudes
cristianas históricas sobre el tema LGBTQ.*

Los cristianos tradicionalistas argumentan que no puede haber relaciones legítimas entre personas del mismo sexo porque están prohibidas por la Biblia. Por lo tanto, incluso cuando los tradicionalistas reconocen la existencia de una orientación permanente hacia el mismo sexo, prescriben el celibato de por vida para los cristianos gays y lesbianas. Los cristianos revisionistas que se adhieren a una ética sexual tradicionalista sugieren que una relación entre personas del mismo sexo monógama y pactada debería considerarse permisible para los cristianos gays.

En el último capítulo, dije que la posición tradicionalista se basa en un patrón de conectar los puntos bíblicos que se ve así:

> Génesis 1-2 + Génesis 19 + Levítico 18:22/20:13 + Jueces 19 + Mateo 19:1-12 / Marcos 10:2-12 + Romanos 1:26-27 + 1 Corintios 6:9 / 1 Timoteo 1:10 [+ Efesios 5:22-33 y todas las demás referencias bíblicas al sexo y al matrimonio asumiendo o representando a hombre + mujer] = una clara prohibición bíblica de las relaciones entre personas del mismo sexo.

En los próximos capítulos quiero ver los temas más importantes que surgieron al examinar estos textos, y especialmente considerar los méritos relativos de las interpretaciones tradicionalistas y alternativas.

Comencemos abordando el par de Génesis 19/Jueces 19 y los ecos relacionados en las Escrituras. Las dos historias son notablemente similares. Ambos involucran pandillas de hombres que quieren violar a los visitantes que están alojados en un hogar local de acuerdo con los estándares de hospitalidad del antiguo Cercano Oriente. Ambos implican la oferta de mujeres como alternativa a las multitudes que los acorralaban. En Génesis 19 las mujeres (hijas) son rechazadas, mientras que en Jueces 19 la mujer (una concubina, que también es huésped, pero no protegida) es aceptada por la pandilla, torturada y violada hasta la muerte o casi hasta la muerte, y luego desmembrada más tarde por su propio amo. Según Gerhard Von Rad, estos textos probablemente tienen al menos una "dependencia distante" entre sí.[45]

Ambos son "textos de terror", como Phyllis Trible los llamó tan devastadoramente, entre los más perturbadores de las Escrituras.[46]

Me centraré en la historia de Sodoma y Gomorra debido a su gran impacto en el resto de las Escrituras y la tradición cristiana y su papel en la discusión LGBTQ.

Los textos que rodean la historia son familiares para la mayoría de los lectores de las Escrituras. Se extiende al menos desde Génesis 18:16-19:38, aunque la primera referencia a Sodoma y Gomorra está en 10:19. Los eruditos bíblicos histórico-críticos están convencidos de que aquí se editan juntos varios hilos narrativos. Tal como el texto se encuentra en su forma final, es en parte una historia etiológica (que explica las causas o los orígenes de algo) destinada a explicar la catástrofe que acabó con las ciudades que una vez existieron en la llanura cerca del Mar Muerto (ver Génesis 19:24-25). En parte, es una historia sobre el contraste entre el carácter de un Dios santo y la humanidad descarriada en su peor momento. Su dimensión más interesante, como subraya Walter Brueggemann en su comentario sobre el Génesis, está en el poder revelador de la historia de Abraham negociando con Dios para salvar a estas ciudades de la destrucción. Aquí vemos el papel extraordinario que Abraham está comenzando a desempeñar como socio del pacto y del diálogo con Dios, encarnación de la justicia y la rectitud, y portador de bendiciones para la humanidad. Hay notas de gracia aquí que apuntan a Jesús y al Evangelio.[47]

Abraham pregunta que, si solo se encuentran 50, 40, 30, 20 o 10 personas justas en estas ciudades inicuas, ¿no perdonará el Dios de justicia a Sodoma? (18:22-33). Dios dice repetidamente que sí. La retribución divina sobre muchos será retenida debido a la justicia de unos pocos.

Pero cuando llegan a Sodoma, los dos ángeles emisarios no encuentran ni a 10 justos. El sobrino de Abraham, Lot, que vive en Sodoma, ofrece una hospitalidad ejemplar a los dos "hombres". Pero tarde en la noche "los hombres de la ciudad" rodean y atacan en masa la casa de Lot. Quieren "conocer" a los visitantes a quienes Lot alberga. Lot se niega, deja la seguridad de su casa para rogar a la multitud que ceda, e incluso ofrece a sus hijas vírgenes para apaciguar a la multitud. Pero los hombres se niegan, diciendo: "¡Quítate de ahí! —le contestaron, y añadieron—: Este ni siquiera es de aquí, y ahora nos quiere mandar. ¡Pues ahora te vamos a tratar peor que a ellos!" (Génesis 19:9). Su ataque es repelido solo con la ayuda angelical milagrosa. Sodoma y Gomorra son incineradas al día siguiente, después de que los ángeles llevan a la familia de Lot a un lugar seguro.

Alguna vez fue común interpretar esta historia como una clara acusación contra la "homosexualidad". Desafortunadamente, por supuesto, el término "sodomía" se deriva de esta historia (un término introducido en el siglo XI, según Mark Jordan).[48] El impacto cultural tanto de la historia como del término ha sido enorme. Pero ahora, pocos intérpretes bíblicos serios piensan que esta historia se trata de "homosexualidad". Ciertamente ha disminuido en el argumento tradicionalista.

Sabemos antes de que comience el Capítulo 19 que Sodoma y Gomorra son ciudades legendariamente pecaminosas, aunque no sabemos por qué. Pero después del angustioso ataque a Lot y sus visitantes, el lector ahora sabe bastante sobre la naturaleza de esa pecaminosidad. Esta es una historia horrible sobre el intento de violación en grupo hacia foráneos, la violación impactante de los estándares de hospitalidad israelitas y del antiguo Cercano Oriente, la voluntad de Lot de sacrificar a sus propias hijas a la multitud y la depravación de una ciudad entera, todo exacerbado por el hecho que a quienes se les intentaba hacer daño resultan ser emisarios angelicales de un Dios santo. La historia está llena de violencia y amenazas de daño. Note que cuando Lot protege a sus invitados, sus "hermanos" expanden su amenaza al mismo Lot: "¡Pues ahora te vamos a tratar peor que a ellos!". La historia paralela en Jueces 20:5 deja absolutamente claro que lo que querían los hombres era violencia, incluida la violencia sexual, y la violencia que infligieron.

Sodoma y Gomorra, su pecado y el castigo de Dios, se convirtieron en símbolos resonantes. Cuando se citan en el resto de las Escrituras, incluso los nombres de estos pueblos se convirtieron en sinónimo de maldad humana total y juicio divino devastador (Deuteronomio 29:23, 32:32; Isaías 1:9f y 3:9, 13:19; Jeremías 23:14, 49:18, 50:40; Lamentaciones 4:6; Ezequiel 16:46-50; Amós 4:11; Sofonías 2:9; Mateo 10:15/Lucas 10:10-12, Romanos 9:29, 2 Pedro 2:6-10, Judas 6-7). La forma más extrema de advertir a Israel o a la Iglesia del juicio inminente era incluir una referencia a Sodoma.

Pero ni una sola vez en estas referencias intrabíblicas a Sodoma se describe su maldad como interés o comportamiento del mismo sexo. En Isaías 1:9-23, se nombran una multitud de pecados, pero principalmente relacionados con abusos de la justicia pública. En Jeremías 23:14 es adulterio, mentira y falta de voluntad para arrepentirse. Ezequiel 16:49 describe sus pecados como soberbia, exceso de comida, comodidad próspera y falta de cuidado por los pobres. En Amós y Sofonías los problemas son el orgullo, la burla y la opresión de los pobres. Las obras intertestamentarias de Sirácides (16:8), 3 Macabeos (2:5) y Sabiduría (19:15) a pesar de que hablan de Sodoma y Gomorra, no conectan su pecado con la sexualidad en absoluto.

Las únicas referencias bíblicas a Sodoma con alguna *posible* sugerencia de comportamiento entre personas del mismo sexo son Judas 6-8 y el texto paralelo en 2 Pedro 2:6-7, con sus referencias al interés impío en "otra carne" (Juda 7 en inglés, pero en español se traduce como carne extraña en algunas versiones como la LBLA, JBS, NBLA y la RVA). En el contexto de una interpretación de Génesis 19 que ya está convencida de que la historia trata sobre el comportamiento entre personas del mismo sexo, estos dos últimos textos del Nuevo Testamento se leen como confirmación. Pero mira de cerca. Representan fragmentos de la tradición que se refieren al interés humano profano en el *sexo con ángeles*, un tema derivado del libro de Enoc, con referencia a la misteriosa historia de Génesis 6:1-4 sobre ángeles que tuvieron sexo con mujeres humanas.

La comparación más esclarecedora de la historia de Sodoma y Gomorra es la violación en tiempos de guerra o en prisión. Piensa en cómo una de las primeras imágenes que te viene a la mente cuando piensas en las cárceles es el miedo a ser violado allí.

También sugeriría que los hombres querían dominar, humillar y hacerles daño a los visitantes varones precisamente *tratándolos como mujeres indefensas*. En los sistemas sociales sexistas, lo más escandaloso que le puedes hacer a un hombre es tratarlo *como a una mujer*.[49] La historia de Sodoma trata sobre el intento de violación en grupo de hombres, porque son foráneos, porque son vulnerables y porque son un blanco jugoso para la humillación y la violación. Se trata de un pueblo que se había rebajado al nivel de la pelea o de la prisión más depravada.

Génesis 19 y Jueces 19 son narraciones con enormes implicaciones para la ética de la guerra, la prisión, el género, la violencia y la violación. Pero no tienen nada que ver con la moralidad de las relaciones amorosas, pactadas, entre personas del mismo sexo, al igual que no tienen nada que ver con la moralidad de las relaciones amorosas, pactadas, del sexo opuesto.

Levítico, abominación y Jesús

*Dos textos en Levítico y complejidades relacionadas con
lo que los cristianos deben hacer con ellos hoy.*

Casi ningún cristiano cita el libro Levítico del Antiguo Testamento en la actualidad, un texto que principalmente, aunque no exclusivamente, contiene instrucciones de adoración que quedaron obsoletas para los propios judíos hace siglos por la destrucción del último Templo judío. Sin embargo, los cristianos citan regularmente dos textos tomados de Levítico en el debate LGBTQ:

> No te acostarás con un hombre como quien se acuesta con una mujer. Eso es una abominación.

> **— *Levítico 18:22***

> Si alguien se acuesta con otro hombre como quien se acuesta con una mujer, comete un acto abominable y los dos serán condenados a muerte, de la cual ellos mismos serán responsables.

> **— *Levítico 20:13***

Las variaciones del término hebreo *toevah* (generalmente traducido como "detestable" como adjetivo o "abominación" como sustantivo, como aquí) se usan 117 veces en el Antiguo Testamento, especialmente en Deuteronomio, Ezequiel y Proverbios. El término se refiere a prácticas aborrecidas por Dios y, por lo tanto, por la ley de Dios y los profetas de Dios.

En Levítico 18 y 20, todo tipo de actos sexuales están prohibidos y colectivamente llamados abominaciones, incluido el sexo con parientes consanguíneos y dentro de un círculo familiar más amplio y el sexo con una mujer que esté menstruando.

La comida a menudo se relaciona con el concepto: Deuteronomio nombra comer cerdo, conejo, mariscos y animales que ya están muertos como abominaciones (14:3-21).

Para Ezequiel, abominación es un término central para describir todas las diversas ofensas de Israel que han incurrido en el feroz juicio del Señor:

- Ezequiel 18:10-13 menciona la violencia, comer sobre las montañas (probablemente la adoración de ídolos), el adulterio, oprimir al pobre y al necesitado, el robo, no devolver la prenda, levantar los ojos a los ídolos y cobrar intereses sobre los préstamos como abominaciones dignas de muerte.

- Ezequiel 22:6-12 agrega el trato despectivo hacia los padres, la extorsión de los extranjeros, el maltrato de los huérfanos y las viudas, la profanación de los sábados, la calumnia y el soborno para derramar sangre y varios pecados sexuales (aunque no nombra las relaciones entre personas del mismo sexo) como abominaciones.

- Ezequiel 44:5-7 describe como abominaciones admitir extranjeros en el templo y profanar el templo al ofrecer sacrificios de grasa y sangre.

- Proverbios nombra como abominaciones a los siguientes: los perversos (3:32); los ojos enaltecidos, la lengua mentirosa, las manos derramadoras de sangre inocente, el corazón que maquina planes perversos, los pies presurosos para correr al mal, el testigo mentiroso que declara mentiras, el que siembra discordia en la familia (6:15-17); discurso falso (8:7); mentes torcidas (11:20); pesas y balanzas falsas usadas en los negocios (11:1, 20:10, 20:23); labios mentirosos (12:22); el sacrificio de los impíos (15:8, 21:27); planes malvados (15:26); arrogancia (16:5); reyes que hacen el mal (16:12); justificar al impío/condenar al justo (17:15); el burlador (24:9); no escuchar la ley (28:9); y los injustos (29:27).

Es relevante notar que en ninguna otra parte fuera de Levítico se menciona los actos entre personas del mismo sexo en la ley del Antiguo Testamento, dejando al menos 111 de los 117 usos del término "abominación" para describir otros temas. Es interesante cómo pocos de esos otros actos o cualidades de carácter son descritos como abominaciones por los cristianos de hoy.

~

Una pregunta crítica directamente relevante para nuestro tema es qué fue exactamente lo que provocó la acusación de abominación que se encuentra en estos dos versículos acerca de las relaciones sexuales entre hombres del mismo sexo. No existe un acuerdo académico, aunque una interpretación sea especialmente importante.

Algunos, como Gordon Wenham, han notado su ubicación en Levítico 18 después de una introducción que llama a Israel a ser apartado de las prácticas de sus vecinos cananeos y egipcios.[50] Entonces, el problema puede ser preservar la clara diferenciación de Israel de sus vecinos paganos, especialmente sus prácticas idólatras y quizás también la prostitución de culto.[51] La erudita del Antiguo Testamento Phyllis Bird va más allá al argumentar que *toevah* "no es un término ético, sino un término de delimitación".[52] Eso puede ser un poco demasiado fuerte, pero apunta al hecho de que las prácticas culturales, especialmente relacionadas con asuntos corporales, y a menudo basadas en la tradición religiosa, diferencian a los pueblos entre sí y con frecuencia provocan disgusto mutuo cuando las diferencias se encuentran a corta distancia.

El erudito bíblico judío y rabino conservador Jacob Milgrom señala la falta de cualquier referencia a las relaciones entre mujeres del mismo sexo en Levítico 18:20. Él sugiere que fue el "derrame de la semilla" del hombre (considere la historia de Onán en Génesis 38), por lo tanto, la pérdida simbólica o el desperdicio de la vida, que fue la motivación principal de esta ley. Los eruditos generalmente están de acuerdo en que la inquietud sobre la sexualidad no procreativa fue un factor en el Antiguo Testamento y quizás también en los tratamientos del Nuevo Testamento sobre cuestiones del mismo sexo. Milgrom también señala que Levítico 18 está dirigido a los israelitas que residen en Tierra Santa, y a nadie más, lo que sugiere un rango muy estrecho de aplicabilidad, ya sea en ese momento o ahora.[53]

Los eruditos bíblicos Richard Elliott Friedman y Shawna Dolansky se han concentrado en la dimensión de género, sugiriendo que "tal relación sexual necesariamente denigraría a la pareja pasiva y violaría su estatus de igualdad bajo la ley de Dios".[54] Lo que significa: el receptor penetrado permite que lo traten como a una mujer, lo que en sí mismo es una abominación debido a su profunda violación de los roles de género jerárquicos y masculinos dominantes. Pero si este es el motivo de la prohibición, esto crea preguntas para cualquier cristiano que no comparta la creencia en el menor valor y dignidad de la mujer.

En su famosa obra *Purity and Danger* (que en español se traduciría como Pureza y peligro), Mary Douglas sugirió que las categorías de santo/impío y limpio/impuro en Levítico tienen sus raíces en la comprensión de la totalidad, la plenitud y el orden correcto. Los mandatos de moralidad sexual de Levítico 18:20, entonces, tienen que ver con "mantener distintas las categorías de creación."[55] Robert Gagnon, la principal voz cristiana tradicionalista académica, también defiende este punto de vista, en parte al vincular la versión final de Levítico con Génesis como parte del Pentateuco (la Torá). Él ve un rechazo bíblico constante de las relaciones entre personas del mismo sexo basado en el diseño de Dios en la creación.[56]

Quedará claro durante el curso de estos capítulos que las afirmaciones del orden moral establecido por Dios en la creación son extremadamente importantes en la discusión cristiana sobre el tema LGBTQ (ver capítulo 15).

Levítico 20:13 ordena la pena de muerte. Si las leyes del Antiguo Testamento que ordenan la pena de muerte deben tomarse como autoridad para los cristianos hoy, como algunos sugieren al citar Levítico 20:13, parece apropiado enumerar aquí otros pasajes que exigen la muerte por varios males:

Delitos punibles con la pena de muerte en el Código de Santidad de Levítico: sacrificio de niños (Levítico 20:2); maldecir a los padres (20:9); varios actos sexuales, principalmente incestuosos o dentro del círculo familiar (20:11-15); ser médium o mago (20:27); blasfemar el nombre del Señor (24:17); y asesinato (24:21); también, las personas anatemas puestas bajo la prohibición (dedicadas a la destrucción en la guerra santa) deben ser asesinadas, nunca rescatadas (27:29).

Otras ofensas punibles con la muerte en la ley del Antiguo Testamento: tocar el Monte Sinaí mientras Dios está dando la ley (Éxodo 21:12); golpear a una persona mortalmente (21:15); golpear al padre o a la madre (21:16); secuestro (21:17); maldecir a un padre (21:29); falla en sujetar a un animal violento (22:19); bestialidad (31:14); quebrantamiento del sábado (31:15, 35:2; comparar con: Números 15:35); cualquiera que no sea un levita que se acerque al tabernáculo (Números 3:10); cualquiera que no sea Moisés, Aarón o los hijos de Aarón que acampan frente al tabernáculo al este (Números 3:38); un extraño que se acerque al área del altar (Números 18:7); y, golpear a otro con un objeto para que el otro muera (Números 35:16-21), en cuyo caso sólo el "vengador de la sangre" ejecutará la sentencia (Números 35:21, 30-34; comparar con: Deuteronomio 19: 11-13). Deuteronomio agrega la pena de muerte por adivinar mediante sueños para llevar a Israel a la idolatría (13:1-5) y la incitación a la adoración de ídolos, incluso por parte de un miembro de la familia (13:6-11); un pueblo que se extravía para adorar ídolos debe ser completamente destruido, incluyendo su ganado (13:12-18), como en otras situaciones de guerra santa (Deuteronomio 7, Josué 2,8,10, etc.). Los niños que desobedecieran a sus padres también serían ejecutados (Deuteronomio 21:18-21).

Varias ofensas rituales cometidas por los sacerdotes descritas como incurriendo en la culpa y acarreando la muerte: no usar las túnicas sacerdotales, el turbante y la ropa interior apropiadamente diseñados para entrar y salir del lugar santo (Éxodo 28:31-43); no lavarse las manos y los pies antes de entrar al tabernáculo o al altar (Éxodo 30:17-21); falta de permanecer los siete días completos del rito de consagración sacerdotal (Levítico 8: 33-35); beber vino o bebida fuerte al entrar en el tabernáculo (Levítico 10:8-9); falta de limpieza ritual adecuada después de las emisiones sexuales y descargas de sangre (Levítico 15); falta de preparación adecuada antes de entrar al tabernáculo en el Día de la Expiación (Levítico 16); y violaciones de las normas de limpieza corporal por parte de un sacerdote que entra al tabernáculo (Levítico 22:1-9).

¿Los cristianos que citan Levítico 20:13 apoyan la pena de muerte para quienes cometen actos sexuales entre personas del mismo sexo? ¿Si no, por qué no? En caso afirmativo, ¿apoyan la pena de muerte para todos los delitos enumerados en los tres párrafos anteriores?

Reviso estos materiales legales del Antiguo Testamento para pedirles a los cristianos que citan selectivamente dichos materiales que *describan y defiendan su principio de selección, interpretación y aplicación*. En otras palabras, a menos que uno acepte cada texto legal del Antiguo Testamento como autoritativo para los cristianos de hoy en la forma exacta en que está escrito, ¿qué principio hermenéutico alternativo (método de interpretación de la Biblia) debe emplearse?

El tema es bastante complejo y ha desafiado a lectores fieles de la Biblia durante toda la historia cristiana.

No es tan simple como decir que *los cristianos aceptan todas las leyes ofrecidas en el Antiguo Testamento, pero no los estatutos de pena de muerte que las acompañan*, porque muy, muy pocos cristianos, si es que hay alguno, aceptan todas las leyes, como las que exigen la violencia genocida contra los pueblos idólatras o la adhesión a las normas de alimentación kosher o las normas de sacrificio sacerdotal.

Tampoco es tan simple como decir que *los cristianos aceptan las leyes morales que se ofrecen en el Antiguo Testamento, pero no las leyes ceremoniales, de culto, dietéticas o civiles*, porque, como escribió el erudito del Antiguo Testamento Martin Noth: "Aquí en el Antiguo Testamento… no se trata de diferentes categorías de mandamientos, sino sólo de la Voluntad de Dios vinculante para Israel, revelada en una gran variedad de requisitos concretos".[57] Cualquier diferenciación de autoridad en términos de categorías de materiales legales del Antiguo Testamento es ajena a los materiales mismos. Y no se ofrece una descripción clara en este sentido en el Nuevo Testamento.

Tampoco es tan simple como decir que *los cristianos pueden no aceptar todas las leyes que se ofrecen en el Antiguo Testamento, pero buscamos practicar los principios de trasfondo*, como sugirió Gordon Wenham, entre otros.[58] Si bien este movimiento a menudo es convincente, otras veces los principios no son claros y otras veces son claros, pero no podemos aceptarlos como cristianos. Considere el principio de responsabilidad colectiva y, por lo tanto, el castigo colectivo de toda la población de un pueblo por sus prácticas religiosas prevalecientes, o el principio de que los "impuros" (como las mujeres que menstrúan) deben ser excluidos de la comunidad.

Si decimos que *los cristianos pueden no aceptar todas las leyes o los principios ofrecidos en el Antiguo Testamento, pero estamos comprometidos a creer en el carácter central de Dios como se revela allí, como la idea de que Dios es santo y exige santidad*, esto es mejor. Pero esto no resuelve la cuestión de si todas las relaciones entre personas del mismo sexo violan el carácter de un Dios santo.

Tampoco resuelve la cuestión de si la santidad divina, al menos el tipo de santidad enfatizada en Levítico encaja con el carácter de Dios como lo enseñó y encarnó Jesucristo. Es imposible tratar cualquier cuestión relacionada con la aplicabilidad de un texto legal del Antiguo Testamento para los cristianos sin considerar la persona y obra de Jesucristo, así como la forma en que Él manejó la ley del Antiguo Testamento. Aquí es relevante decir que los términos relacionados con *toevah* son muy raros en el Nuevo Testamento, usados solo en unos pocos pasajes, dos de ellos en Apocalipsis (Lucas 16:15, Apocalipsis 17:4-5, 21:27; ver también Mateo 24:15). Este término del Antiguo Testamento ampliamente atestiguado jugó un papel pequeño en el vocabulario de Jesús, y es mucho más fácil argumentar que él desafió esta forma de entender el carácter de Dios que lo que lo reforzó.

En el otro extremo, es demasiado simple decir simplemente que *la totalidad de la ley del Antiguo Testamento ha sido reservada para los cristianos*. Ciertamente es cierto que la ley del Antiguo Testamento pasa por un proceso de discernimiento considerable en las manos de Jesús y sus seguidores. El Apóstol Pablo fue el discernidor más famoso de todos, como lo demuestran las constantes referencias en sus cartas. Fue ayudado por la asistencia bastante clave de Pedro (Hechos 10). Hechos 15 ofrece un relato famoso de una solución de compromiso particular. Todo el libro de Hebreos constituye una reflexión

sumamente compleja sobre cómo la Ley judía y Jesucristo se relacionan entre
sí, utilizando un paradigma viejo/nuevo, peor/mejor con implicaciones prob-
lemáticas para 2000 años de relaciones judeocristianas. Pero donde las leyes
del Antiguo Testamento se reafirman en el Nuevo Testamento, como algunos
dicen que sucede con estos textos levíticos, entonces el caso de su autoridad
continua aumenta dramáticamente.

Es un buen resumen decir que una vez que apareció Jesús y se fundó la
Iglesia, ni hace 2000 años ni hoy ha sido tan simple como citar un pasaje de
Levítico para resolver un asunto de moralidad cristiana.

Cabe señalar que la tradición judía en sí misma nunca ha leído simplemente
los textos de la Biblia hebrea al pie de la letra, sino que los ha considerado
a través de un cuerpo mediador altamente sofisticado de tradición rabínica,
cuestionamiento y argumentación. Es escandaloso cómo los cristianos extraen
textos antiguos de la Biblia hebrea, la llaman nuestro Antiguo Testamento, y
luego los interpretan sin ninguna referencia a la forma en que la interpretación
bíblica judía ha procedido durante más de dos milenios.

Entonces: Las dos frases en Levítico 18:22 y 20:13 están debidamente consideradas. Figuran correctamente en la deliberación moral de la Iglesia, con las
advertencias apropiadas sugeridas aquí. No resuelven el tema LGBTQ.

Dos palabritas extrañas

Dos oscuras palabras griegas cuya traducción incierta hace que su uso para el tema LGBTQ sea problemático.

En 1 Corintios 6:9 y 1 Timoteo 1:10, Pablo (en el segundo caso, probablemente un "Pablo" seudónimo) despliega dos "listas de vicios"—una estrategia retórica bastante común en el mundo grecorromano—para comunicarle a los lectores su condenación de la conducta pecaminosa. Con respecto a 1 Corintios, la mayoría de los eruditos están de acuerdo en que Pablo está tratando con una congregación especialmente rebelde, algunos de los cuales han caído presa de la laxitud moral, incluso en la sexualidad. Pablo escribe para corregir eso y dejar perfectamente claro que la salvación ofrecida por la gracia no ofrece también una exención de los requisitos morales básicos. Seguido de 10 tipos de personas que, Pablo advierte que no "heredarán el reino de Dios". En 1 Timoteo 1, el contexto de la lista de vicios es más oscuro. Se incluye en una discusión sobre "la ley" y la preocupación del autor sobre los falsos maestros que aparentemente se enfocan demasiado en la ley. Pablo dice que la ley está destinada principalmente a los impíos. Luego le siguen siete ejemplos de tal impiedad.

En ambas listas de vicios se utiliza la palabra griega *arsenokoitai*. En la primera lista, la palabra malakoi está directamente delante de ella. Existe una literatura académica vasta y muy controvertida para analizar el significado de estas dos pequeñas palabras extrañas.

Considere *malakoi*. Esta es una palabra griega cuyas traducciones al inglés varían ampliamente desde "débil" a "desenfrenado" a "libertino" a "escandaloso" a "sensual" a "afeminado" a "prostitutos" a una combinación de *malakoi* más *arsenokoitai* traduciéndolos juntos como "hombres que tienen sexo con hombres" u "homosexuales". La palabra literalmente significa "suave" y se usa en otras partes del Nuevo Testamento *solo para* describir la ropa delicada o fina que usan los ricos (Mateo 11:8/ Lucas 7:25).

William Loader dice que la palabra básicamente significa suave, y si se aplica a un hombre sería un ataque peyorativo a su masculinidad.[59] Dale Martin encuentra que el significado podría extenderse para burlarse de los hombres que se permitían ser tratados sexualmente como mujeres: ser penetrados, aunque una amplia variedad de otros términos se usaba más comúnmente, lo que lo llevó a dudar si ese significado debería asumirse en este caso. En cambio, se enfoca en un rango semántico más amplio relacionado con la "suavidad", como la vida lujosa, sexualmente indisciplinada y autoindulgente.[60] En el otro extremo del espectro, Robert Gagnon interpreta que el término se aplica precisamente a la pareja pasiva en las relaciones entre hombres del mismo sexo (hombres penetrados), y no solo a los "prostitutos", como en la Nueva Versión Internacional en inglés.[61] Pero William Loader vuelve a señalar que si Pablo quisiera decir precisamente eso él tenía otros términos a su disposición.[62]

¿Ya lo tiene resuelto?

En cuanto a *arsenokoitai*, las dos únicas veces que aparece la palabra en el Nuevo Testamento se encuentran en 1 Corintios 6:9 y 1 Timoteo 1:10. Aparece muy raramente en los escritos griegos antiguos posteriores a Pablo, principalmente también en las listas de vicios. La palabra *arsenokoitai* (plural de *arsenokoites*) es una palabra compuesta, formada por dos palabras previamente existentes que no parecen haber sido juntadas antes en la literatura griega.

Un número significativo de eruditos tradicionalistas piensa que Pablo no está siendo completamente original, sino que alude aquí a la traducción de la Septuaginta (griego) de Levítico 18:22 y 20:13 de la Biblia hebrea.[63] O tal vez, si Pablo no está aludiendo directamente a esos textos, al menos está señalando la ética sexual judía tradicional, que ahora quería enseñar como ética sexual cristiana.[64]

En la Septuaginta, tanto Levítico 18:22 como 20:13 contienen los términos *arsenos y koiten*. Levítico 20:13 es más importante aquí porque junta los términos directamente. Muchos eruditos encuentran que ese paralelo lingüístico o conexión es evidencia concluyente en cuanto a la fuente y el significado de Pablo, aunque no hay evidencia de que se haya hecho antes.

Como Marti Nissinen resume la conversación académica general: "Estos intentos… muestran cuán difícil es realmente determinar el significado real de esta palabra en diferentes contextos."[65]

Pero debido a que hay una comunidad cristiana de habla inglesa, el Nuevo Testamento griego necesita ser traducido al inglés, y los traductores tienen que encontrar algún tipo de palabra para *arsenokoitai*.

Aquí hay ejemplos de cómo la palabra arsenokoitai se ha traducido al inglés durante 425 años, con agradecimiento a Matthew Vines por esta compilación (en inglés):

- Geneva Bible (1587): "buggerers"
- King James Bible (1607): "abusers of themselves with mankind"
- Mace New Testament (1729): "the brutal"
- Wesley's New Testament (1755): "sodomites"
- Douay-Rheims (1899): "liers with mankind"
- Revised Standard Version (1946): "homosexuals"
- Phillips Bible (1958): "pervert"
- Today's English Version (1966): "homosexual perverts"
- New International Version (1973): "homosexual offenders"
- New American Bible (1987): "practicing homosexuals"

Nota del traductor:

Ahora veamos las traducciones al español (observe *las cursivas* que es la palabra que escogió cada versión para traducir arsenokoitai):

- Las versiones: La Biblia de las Américas, del Jubileo, Dios Habla Hoy, La Palabra y Reina Valera Actualizada, Reina Valera Revisada, Reina Valera 1995: ni los afeminados, ni *los homosexuales*
- La Nueva Biblia Viva: los homosexuales y los *pervertidos sexuales*
- La Nueva Biblia Viviente: son prostitutos o *practican la homosexualidad*
- La Nueva Versión Internacional: ni los sodomitas, ni *los pervertidos sexuales*
- La Palabra de Dios para Todos: ni los hombres que se dejan usar para tener sexo con otros hombres, ni *los hombres que tienen sexo con ellos*
- Reina Valera Contemporánea: ni los afeminados, *ni los que se acuestan con hombres*
- Reina Valera 1960 y la Reina Valera Antigua: ni los afeminados, ni los que se echan con varones
- Traducción en lenguaje actual: los afeminados, a los hombres que tienen relaciones sexuales con otros hombres

Trabajando a partir de la mayoría de las interpretaciones/traducciones al inglés, la mayoría de los cristianos que leen inglés y la mayoría de los predicadores de habla inglesa han llegado a la conclusión natural de que Pablo está condenando a todas las personas homosexuales o a todas las personas que realizan actos sexuales con personas del mismo sexo. (A veces en términos severamente despectivos, como en las inolvidables traducciones de la Today's English Version que en español se llamaría Versión en inglés de hoy y en la Phillips). Algunos también han concluido de 1 Corintios 6:9 que todas esas personas simplemente están excluidas del cielo, es decir, se dirigen directamente al infierno. Esto es a pesar de otros textos del Nuevo Testamento relacionados con los criterios para la vida eterna, como aquellos que enfatizan la gracia de Dios para los pecadores perdonados pero imperfectos que creen (considere Juan 3:16). Y algunos pocos que citan 1 Corintios 6:9 para decir que los gays "practicantes" van al infierno, también dicen que los avaros o borrachos "practicantes" van al infierno.

La mayoría de los cristianos de habla inglesa no tendrían idea de que *arsenokoitai* era una palabra cuyo significado y traducción está cuestionada.

Tampoco sabrían del intenso debate entre los eruditos de los clásicos y los intérpretes del Nuevo Testamento en cuanto a lo que Pablo estaba pensando cuando hablaba (aparente o claramente) sobre la actividad entre personas del mismo sexo en el mundo grecorromano. ¿Sexo adulto consentido? ¿Sexo/abuso hombre-niño? ¿Prostitución? ¿Violación? ¿Abuso de esclavos? Por ejemplo, no habrían leído la observación de Michael Vasey de que en la Roma imperial la actividad entre personas del mismo sexo estaba "fuertemente asociada con la idolatría, la esclavitud y el dominio social, a menudo la afirmación de los fuertes sobre los cuerpos de los débiles."[66] ¿Es eso lo que pensamos hoy cuando escuchamos el término "homosexual"? Si es así, ¿es esa una comprensión precisa?

No sabrían del postulado del erudito del Nuevo Testamento Dale Martin de que de los pocos usos del término *arsenokoites* en la literatura griega fuera del Nuevo Testamento, en cuatro casos se refería a la explotación económica y los abusos de poder, no al comportamiento entre personas del mismo sexo; o más precisamente, quizás, la explotación económica y la violencia en el negocio del sexo, como en el proxenetismo y la prostitución forzada.[67] (Revise los Oráculos sibilinos, Actos de Juan y A Autólico).

Pero entonces tampoco sabrían que el estudio magisterial de William Loader dice que probablemente es mejor tomar el término como si tuviera un alcance más amplio que eso.[68] Pero ¿qué hacemos entonces con la atención que el erudito del Nuevo Testamento James Brownson le da al hecho de que la lista de vicios en 1 Timoteo 1:10 "incluye tres términos interrelacionados en referencia a la actividad erótica de hombre a hombre"? Él los junta para sugerir que la lista se refiere colectivamente a "secuestradores o traficantes de esclavos (*andropodistai*) que actúan como 'proxenetas' para sus niños capturados y castrados (los *pornoi*, o prostitutos) al servicio de los *arsenokoitai*, los hombres que hacen uso de estos niños prostituidos."[69]

¿Ya está claro?

¿Cómo podría haber sido diferente la historia del trato cristiano a los gays y lesbianas si *arsenokoitai* se hubiera traducido como "traficantes sexuales" o "explotadores sexuales" o "violadores" o "depredadores sexuales" o "proxenetas"? Tales traducciones son plausibles, incluso si no son la reconstrucción académica mayoritaria en este momento. Y son al menos tan adecuados, o inadecuados, como "homosexuales", un término (que se desvanece rápidamente) de nuestra cultura (reciente) con una variedad de significados que incluyen orientación sexual, identidad y actividad, la cual no es una palabra del mundo de Pablo.

Hubiera sido agradable si en nuestras Biblias en español al menos se hubieran mencionado la genuina incertidumbre sobre cómo traducir *arsenokoitai*, o las dos palabras *malakoi y arsenokoitai* juntas, en una nota al pie.

Pero, por desgracia... la mayoría de las traducciones se leen como si cada "persona homosexual" estuviera siendo condenada al fuego eterno. Esta decisión de traducción demasiado confiada luego ensombreció las vidas de todas las personas LGBTQ, la mayoría de los adolescentes gay y lesbianas tristemente rechazadas por sus madres y padres (y pastores y ministros de jóvenes) como pervertidos destinados al infierno.

La incertidumbre académica sobre el significado y la traducción de estas dos palabras griegas, junto con las profundas diferencias culturales y lingüísticas, socava las afirmaciones de que *malakoi y arsenokoitai* son concluyentes para resolver el problema LGBTQ.

Lamento profundamente el daño causado por ciertas traducciones bíblicas cuestionables y, a veces, crudamente despectivas en la vida de personas vulnerables hechas a la imagen de Dios.

Dios los hizo hombre y mujer

*Pasamos a los textos más importantes para el tema LGBTQ—
Génesis 1-2, Mateo 19, Romanos 1—y el tema teológico más
importante: el diseño de Dios para la sexualidad en la creación.*

Sólo hay cuatro pasajes de las Escrituras ampliamente citados del lado tradicionalista que aún no he considerado: Génesis 1:26-28/2:18-25, Mateo 19:312
(y paralelos) y Romanos 1:26-27.

A pesar de las diferencias en contenido y antecedentes, todos son (principalmente) relevantes para el debate LGBTQ de la misma manera: *todos han sido
leídos para sugerir la ilegitimidad de las relaciones entre personas del mismo sexo
basadas en el diseño original de Dios para la sexualidad humana en la creación, a
menudo definida como complementariedad sexual/género masculino/femenino.*[70]
Este diseño hace que todas las relaciones entre personas del mismo sexo estén
"fuera de orden", es decir, contrarias al plan fijo de Dios para la creación.[71]
Este es claramente el problema bíblico-teológico-ético más importante que
enfrenta cualquier cristiano que lucha con el tema LGBTQ. Es muy citado en
el lado tradicionalista. Merece una consideración cuidadosa.

Finalizado probablemente durante y después del exilio judío en Babilonia
(587-539 a. C.), la función del Génesis como un todo fue principalmente
aclarar y reforzar una historia distintiva y unificadora de los orígenes judíos,
una narrativa teológica y una visión ética, basándose tanto en su propia historia
tradiciones y hasta cierto punto en las tradiciones de sus vecinos. En Génesis
1-11, una prehistoria primigenia, los autores/editores tomaron prestadas y
subvirtieron las historias de la creación de sus vecinos, mientras agregaban

nuevos elementos, para pintar un cuadro teológico de la creación y los orígenes humanos, el matrimonio y la vida familiar, las fuentes de la humanidad el mal y el sufrimiento, el nacimiento de la cultura, la agricultura, la tecnología temprana y las ciudades, los orígenes de diversos pueblos e idiomas y las condiciones existentes en el planeta Tierra antes del llamado de Abraham, todo enmarcado como una historia de una buena creación hecha por Dios, dañada por la rebelión humana, sujeta al juicio de Dios y, sin embargo, también ofrecida a la redención divina.

La mayoría de los eruditos están de acuerdo en que Génesis 1:1-2:4a y 2:4b-25 son dos relatos diferentes de la creación entretejidos por un editor. Génesis 1:26-28 dice que los humanos están hechos a la imagen de Dios, creados con "diferencia sexual"[72] como hombre y mujer, y mandados (bendecidos) a ser fructíferos, multiplicarse, llenar la tierra y "someterla". Génesis 2:18-25 describe el reconocimiento de Dios de la soledad del hombre original y su necesidad de un ayudante/acompañante/pareja; que se toma de la costilla del hombre, esta pareja es mujer. Los dos últimos versículos funcionan etiológicamente para explicar los orígenes del matrimonio, ya que el primer hombre y la primera mujer son llamados "hombre" y "mujer".

Ahí están, dos relatos antiguos, verdaderamente hermosos, de la creación de la humanidad por parte de Dios y de la primera pareja. Se ha escrito una literatura extraordinariamente elaborada en estudios bíblicos, teología y ética basada en estos breves relatos antiguos, relacionados con los propósitos de Dios en la creación, lo que significa ser hecho a la imagen de Dios, cómo es la responsabilidad humana por la creación, cómo el mandato/bendición de la procreación debe entenderse en un mundo ahora lleno de más de siete mil millones de personas, cuán intrínsecamente relacionales son los seres humanos ("no es bueno estar solo"), la naturaleza de la relación de la humanidad con las otras criaturas creadas por Dios, y el tipo de relación que Dios pretendía entre ese hombre y mujer originales.

El hecho de que son un hombre y una mujer, y solo un hombre y una mujer, a los que se hace referencia en las discusiones sobre el sexo y el matrimonio en Génesis 1-2, y el hecho de que solo un hombre y una mujer han podido procrear (hasta que apareció la tecnología reproductiva), obviamente ha sido fundamental en la formación de la opinión cristiana tradicional sobre el tema LGBTQ. La tradición cristiana ha tomado estos textos como prescriptivos para todos los tiempos y todos los pueblos en lo que respecta al diseño y finalidad del sexo, el matrimonio y la vida familiar. Eso ha excluido a quienes no pueden cumplir con esa prescripción debido a su orientación sexual. Pero cada vez más hoy se observa que las prácticas centrales a las que se hace referencia en Génesis 1-2, incluido el cuidado mutuo de los niños, el compañerismo de ayuda y pareja (Génesis 2:18) y la entrega total, pueden ocurrir y ocurren entre parejas gays y lesbianas pactadas.

La enseñanza de Jesús sobre el divorcio registrada en Mateo 5:31-32, 19:3-12/ Marcos 10:2-12 (y Lucas 16:18) es simple en su forma, pero parece haberse vuelto más compleja en el proceso de edición de los escritores de los evangelios. He escrito extensamente sobre estos textos en otro lugar.[73] Baste decir lo siguiente aquí: cuando se le pregunta a Jesús si es "permitido que un hombre se divorcie de su esposa" (por cualquier motivo—Mateo 19:3), él lleva la conversación de regreso a las fuentes del Antiguo Testamento. "Moisés" (Deuteronomio 24:1-4) es citado, pero Jesús ofrece una respuesta superior compuesta de Génesis 1:27 y 2:24. Jesús agrega su famosa sentencia: "Por tanto, lo que Dios ha unido, que no lo separe el hombre" (Mateo 10:6b / Marcos 10:9). Jesús luego pasa a condenar (¿ilegítimo?) la iniciación del divorcio y volverse a casar como adulterio.

En la versión de Mateo, esto luego desencadena una conversación con los discípulos en la que parecen desconcertados por la rigurosidad de esta enseñanza, de modo que podría ser "mejor no casarse" (Mateo 19:10). Jesús responde sugiriendo la nueva posibilidad en un contexto judío de convertirse en "eunucos para el reino", lo que parece significar abrazar el celibato. Este pasaje importa bastante *para autorizar* una opción de celibato en el cristianismo. Algunos cristianos, incluidos algunos cristianos gays, lo interpretan como un *celibato obligatorio* para todos los gays y lesbianas. Tales afirmaciones tienen más peso existencial cuando provienen de cristianos gays célibes, como sucede a veces, que de cristianos heterosexuales que disfrutan de los placeres de la vida matrimonial.

El objetivo de este texto de enseñanza entonces no era abordar lo que ahora llamamos el problema LGBTQ, aunque a veces se cita en ese debate porque Jesús hace referencia a Génesis 1-2. El texto en sí tiene la intención de atacar con severidad la creciente tendencia hacia la permisividad en la práctica judía del primer siglo, que permitía a los hombres iniciar el divorcio de sus esposas por razones triviales, dejando familias destrozadas, niños desamparados y mujeres deshonradas y desamparadas. Entonces, el propósito de su enseñanza era llamar a los oyentes a una comprensión mucho más estricta de la permanencia del matrimonio, que Dios pretendía que fuera una relación de una sola carne para toda la vida por el bien de los adultos, los niños y la comunidad.

Esa enseñanza definitivamente necesita ser escuchada en nuestras iglesias hoy. La relevancia del texto para el tema LGBTQ es más debatida.

~

Históricamente, los eruditos han estado de acuerdo en que el propósito de Pablo en Romanos 1-3 es pintar un cuadro teológico del mundo, lo que lleva a la conclusión de que todo ser humano necesita desesperadamente la salvación que Dios le ofrece a través de Jesucristo. Después de celebrar el Evangelio que salva tanto a judíos como a griegos, en Romanos 1:18-32, Pablo dirige su acusación principalmente hacia los pecados característicos de la población gentil pagana—en su peor momento, o como él los ve, o para los propósitos de esta particular acusación teológica.

Pablo acusa a aquellos que inexcusablemente "suprimen la verdad" acerca de Dios disponible en la creación (Romanos 1:20), deshonrando a Dios al participar en las prácticas fútiles de la adoración de ídolos. En respuesta, el castigo de Dios quien ha sido agraviado es que "los entregó" a los deseos deshonrosos/vergonzosos, a la impureza y a las pasiones degradantes que ahora desean (Romanos 1:24-26). Su consiguiente espiral descendente hacia la degradación moral se ilustra luego con otra lista de vicios, de hecho, 22 tipos de vicios (Romanos 1:26-32) que incluyen (vv. 29-31) "toda clase de maldad, perversidad, avaricia y depravación… envidia, homicidios, disensiones, engaño y malicia, enemigos de Dios, insolentes, soberbios y arrogantes; se ingenian maldades; se rebelan contra sus padres, son insensatos, desleales, insensibles, despiadados."

Pero, fatídicamente, el único tema que Pablo destaca para un tratamiento más extenso en este pasaje es el coito entre personas del mismo sexo. Romanos 1:26-27 es el pasaje más citado en todo el debate LGBTQ:

> Por tanto, Dios los entregó a pasiones vergonzosas. En efecto, las mujeres cambiaron las relaciones naturales por las que van contra la naturaleza. Así mismo los hombres dejaron las relaciones naturales con la mujer y se encendieron en pasiones lujuriosas los unos con los otros. Hombres con hombres cometieron actos indecentes, y en sí mismos recibieron el castigo que merecía su perversión..

Nuestro punto de partida es, por supuesto, la cita constante de este versículo para describir a las personas gays y lesbianas contemporáneas como personas que tienen pasiones sexuales gravemente mal dirigidas, y para describir todos los actos entre personas del mismo sexo como "antinaturales", "vergonzosas" y castigables por Dios. Es un legado temible, especialmente si uno se preocupa por el sufrimiento de aquellos criados en hogares e iglesias cristianas que descubren una orientación hacia el mismo sexo.

La gran cantidad de literatura académica sobre este texto fluye en varias direcciones, incluyendo qué antecedentes textuales o influencias culturales dieron forma a las afirmaciones de Pablo aquí, lo qué los términos específicos como "natural y antinatural" significan para él, lo que intentaba enseñar Pablo en su contexto (exégesis), y lo que vamos a hacer con esto en nuestro propio tiempo (hermenéutica y ética).

Antecedentes: William Loader, siempre imparcial, sugiere que el origen judío de Pablo es probablemente el principal, incluidos los textos de Levítico que consideramos anteriormente, así como las narraciones de la creación. Pablo también puede estar intentando integrar el pensamiento intelectual y moral grecorromano, como en el estoicismo, relacionado con lo "natural" así como con el acceso universal al conocimiento de lo natural. Y cualquier revisión de lo que se sabe de las prácticas y normas sexuales romanas demuestra la gran diferencia de la ética sexual judía tradicional incluyendo la amplia aceptación de los actos entre personas del mismo sexo en diversas circunstancias, incluso por parte de hombres casados.[74]

Loader sugiere además temas culturales, que podrían haber afectado a Pablo y serían menos familiares o bienvenidos para los lectores cristianos tradicionalistas contemporáneos. Una de ellas es una preocupación de honor/vergüenza relacionada con los hombres que renuncian a su rol superior y activo en el sexo y permiten que los traten como mujeres. Otro es la asociación común del sexo entre hombres con violaciones humillantes y violentas, a menudo en la guerra. En cuanto a las mujeres, su supuesta pasividad diseñada/natural como receptora del deseo masculino en el sexo sería sorprendentemente anulada en los actos voluntarios del mismo sexo. Sería una expresión perturbadora de la agencia de las mujeres en una sociedad patriarcal y, por lo tanto, se consideraría antinatural y, sin duda, una amenaza para el poder masculino.[75]

Aquí hay cuatro preguntas sobre la interpretación condenatoria tradicional de lo que Pablo dice aquí:

1. Al usar el lenguaje de "intercambiar" o renunciar a las relaciones sexuales "naturales" por las "antinaturales", Pablo puede estar diciendo que él piensa que aquellos que tienen relaciones sexuales entre personas del mismo sexo eran capaces de tener relaciones heterosexuales "normales" y naturales, pero perversamente eligieron relaciones sexuales entre personas del mismo sexo. Hablando empíricamente, esto era a veces cierto entonces, como lo es

ahora (ver el siguiente párrafo). Pero, a nivel hermenéutico, ahora sabemos que una pequeña minoría sexual no es en absoluto capaz de atracción o relaciones heterosexuales. No parece que puedan describirse justamente como intercambiar o renunciar al sexo natural por el antinatural. Esto plantea preguntas razonables sobre la justicia de aplicar esta descripción a esa parte de la comunidad humana actual.

2. Sabemos que el comportamiento entre personas del mismo sexo en el mundo grecorromano muy a menudo, aunque no siempre (los estudiosos difieren en cómo describir el equilibrio entre la participación consensuada y coercitiva/nociva de la actividad entre personas del mismo sexo), se podía ver en la pederastia, prostitución y sexo entre el amo y su esclavo. Estos actos fueron criticados por moralistas paganos y no sólo por cristianos. Estas eran principalmente indulgencias de hombres privilegiados que tenían el poder de tomar y usar los cuerpos de otras personas por placer, y el lujo de pasar una buena cantidad de tiempo jugando con todo tipo de sexo. Para estos hombres, una sola esposa no era suficiente. Querían novedad, exceso, placeres cada vez más exóticos. El filósofo romano del primer siglo Musonius Rufus, por ejemplo, escribió: "No la parte menos significativa de la vida de lujo y autocomplacencia se encuentra también en el exceso sexual... aquellos que llevan una vida así anhelan una variedad de amores... no solo mujeres sino también a los hombres."[76] Algunos argumentan que Pablo está reaccionando a esta cultura de exceso sexual, egoísmo y adulterio sancionado en Romanos 1, y que la parte del problema del mismo sexo era incidental en lugar de central. Esta afirmación también es fuertemente discutida. Su resolución tiene un impacto en el sentido de un erudito sobre la relevancia de este texto para las relaciones consensuales (sin mencionar el amor y el pacto) entre personas del mismo sexo.[77]

3. Sarah Ruden, estudiosa de los clásicos de Harvard, en su vigorizante libro *Paul Among the People*, agudiza considerablemente la cuestión cultural.[78] Citando todo tipo de fuentes, incluyendo poesía popular y alta, describe prácticas culturales grecorromanas generalizadas y bastante viles que autorizan a menudo violentas violaciones anales de hombres jóvenes sin poder, especialmente esclavos, pero en realidad de cualquiera de estatus social más bajo. Esta práctica estuvo cruelmente acompañada de una *condena moral de las víctimas más que de los victimarios*, estos últimos a menudo celebrados por su virilidad. Ella documenta cómo los niños pequeños tenían que ser cuidadosamente protegidos de los ataques sexuales, que podían ocurrir en cualquier momento, humillándolos emocionalmente

y tal vez destruyéndolos físicamente. Ruden está convencida de que esto es lo que Pablo tenía en mente cuando pensó en el interés y la actividad entre personas del mismo sexo, y es por eso por lo que lo relaciona con otros vicios de exceso y libertinaje en Romanos 1. Ella afirma que las enseñanzas de Pablo sobre la sexualidad son en gran parte reflejo de la repugnancia ante este tipo de depravación cultural, su deseo de proteger los cuerpos y las almas de los inocentes y su compromiso de discipular a los jóvenes cristianos que no participarían en este comportamiento vicioso y generalizado. Si este fuera su objetivo, nadie podría tener una disputa con Pablo. Todos podríamos estar de acuerdo en que una cultura como esta es depravada.

• Pablo estaba escribiendo a cristianos romanos, algunos de los cuales tenían conexiones en la corte imperial romana, y todos ellos estarían familiarizados con la locura allí. La violencia, la juerga y la sexualidad orgiástica de esa corte, incluidas las muchas depravaciones de Cayo Calígula y las relaciones entre personas del mismo sexo del propio Nerón, eran legendarias.[79] James Brownson describe este cruel libertinaje en detalle, señalando que esto también puede explicar la línea en Romanos 1:27 (a menudo abusada) sobre "los hombres... recibiendo en sus propias personas el castigo debido a su error". Calígula, quien violó a las esposas de los invitados a la cena, tuvo encuentros con personas del mismo sexo y humilló sexualmente a un oficial militar, fue a su vez apuñalado en los genitales cuando fue asesinado.[80]

Si Pablo tenía en mente la corte imperial mientras pintaba sus amplias pinceladas sobre el libertinaje idólatra del mundo gentil, eso significaría que Romanos 1:18-32 podría haber funcionado como una muy evocadora Representación profundamente contextual y apenas velada de la corte imperial romana como un símbolo macabro del peor de los casos de la depravación gentil (devuélvete a ese texto en la Biblia y mira toda la descripción de nuevo bajo esta perspectiva). Esto se conecta con un tema más amplio en la erudición paulina reciente sobre el desafío de Pablo al Imperio Romano en el nombre del único Señor, Jesucristo. Este descubrimiento realmente importante limitaría la aplicabilidad de este texto para circunstancias contemporáneas que son muy diferentes a las de la corte romana.

Una conclusión suavemente revisionista sería sugerir que el propósito teológico de Pablo en Romanos 1, y el contexto religioso y cultural en el que nadaba cuando lo escribió, le impedían hablar con simpatía sobre cualquier tipo de relación entre personas del mismo sexo. El "tema" puede parecer el mismo, pero muchos han argumentado que el contexto es tan diferente que las palabras de Pablo son de poca relevancia para la cuestión de las relaciones entre personas del mismo sexo pactadas entre cristianos devotos. Este no sería el único tema en el que se ha revaluado de esta manera la aplicación contemporánea de las declaraciones de Pablo, lo que ha llevado a dejar de lado sus directivas implícitas o explícitas (cubrirse la cabeza, el largo del cabello, mujeres que guardan silencio en la iglesia, instrucciones a los esclavos que obedezcan a sus amos). Tal conclusión no es convincente para los tradicionalistas, quienes vinculan la enseñanza de Pablo aquí con los otros textos del canon que hemos explorado, en particular el tema de la creación/diseño, descontextualizando así considerablemente la enseñanza de Pablo y viéndola como parte de una ética sexual bíblica general coherente.

Aun así, devolviéndonos al texto, es apropiado preguntarse si lo que Pablo está condenando tan duramente en Romanos 1 tiene mucho o algo que ver con esa devota y amorosa pareja de lesbianas que han estado juntas 20 años y se sientan en la tercera fila de la iglesia. Sus vidas no se parecen en nada al cuadro general de depravación que se ofrece en Romanos 1:18-32. Ciertamente te preguntas esto cuando conoces a esa pareja, o cuando *eres* esa pareja.

A continuación, veremos mucho más de cerca el tema del diseño de Dios en la creación y cómo se relaciona con la orientación sexual.

La creación, la orientación sexual y la voluntad de Dios

*Tres propuestas para pensar la creación, la
orientación sexual y la voluntad de Dios.*

Aquí hay tres posibles propuestas para responder a la afirmación muy importante de que *el diseño de Dios en la creación descarta cualquier relación legítima
entre personas del mismo sexo*, una afirmación derivada de Génesis 1-2, Mateo
19, Romanos 1 y quizás también Levítico 18:20 y 1 y Corintios 6:9/ 1 Timoteo
1:10 si los leemos como vinculados a una teología judía de la creación. Casi
todas las exploraciones bíblicas en este libro hasta ahora nos han llevado a este
punto. Estas propuestas se ofrecen en reconocimiento de que, teológicamente,
esta es la última bifurcación en el camino relacionado con el tema LGBTQ.

> **Propuesta 1:** Trate los relatos de la creación del Antiguo
> Testamento, y cualquier alusión o referencia del Nuevo
> Testamento a ellos, como relatos teológicos en lugar de
> descripciones científicas del mundo tal como lo encontramos.
> Esto requiere que los fieles cristianos contemporáneos
> encuentren formas de integrar dos tipos diferentes de
> conocimiento, como (a veces) lo hemos hecho antes, en
> relación con otros temas.

Esencialmente, esta propuesta sugiere que el tema LGBTQ es *un tema de
integración fe/ciencia*, del cual ha habido muchos.

Desde el siglo XVI, cristianos, judíos y musulmanes se han enfrentado
a una bifurcación importante en el camino con respecto a hasta qué punto

somos capaces o estamos dispuestos a integrar los hallazgos de la ciencia con nuestras narrativas originales de la creación y las tradiciones teológicas que hemos desarrollado a partir de ellas. El problema es similar hoy en día a lo que era cuando las Escrituras, la tradición cristiana y sus intérpretes autorizados confrontaron por primera vez a Galileo, Copérnico y Darwin.[81] Así como los cristianos han tenido que aceptar una tierra que obstinadamente continúa girando alrededor del sol en lugar de al revés (como se creía que lo enseñaban las Escrituras), y con un proceso evolutivo de miles de millones de años en lugar de una tierra de 6.000 años de edad y una creación literal de seis días de 24 horas, en el tema LGBTQ enfrentamos el desafío de integrar los hallazgos científicos contemporáneos sobre el género y la orientación sexual en nuestra historia teológica del mundo que Dios hizo. Nunca ha sido fácil para los cristianos manejar esta integración de textos bíblicos con hechos obstinadamente resistentes que existen en nuestro mundo. No es fácil ahora.

Sabemos que Génesis 1 dice "Dios los hizo varón y hembra" y los bendijo con la capacidad de ser fructíferos y multiplicarse. Esto tiene sentido, y todos los días nos encontramos con muchas personas claramente masculinas y claramente femeninas y sus descendientes. Pero ahora también *sabemos* por seres humanos reales e investigaciones sobre ellos que un porcentaje muy pequeño de la población humana es intersexual o transgénero. (Intersexual: una variación en las características sexuales que involucran cromosomas, gónadas o genitales que no permiten identificar claramente a una persona como hombre o mujer. Transgénero: una persona cuya identidad o expresión de género no coincide con el sexo asignado).

Estos fenómenos, encarnados por personas reales, existen. ¿Cómo vamos a integrar estos persistentes hechos con las Escrituras, mientras respondemos con compasión a los seres humanos reales frente a nosotros?

Sabemos que Génesis 2 dice que Dios hizo a la mujer del hombre, le dio la mujer al hombre y declaró que el hombre y la mujer juntos forman un matrimonio. Esto tiene sentido, y nos encontramos con muchas personas claramente masculinas y claramente femeninas que se necesitan, se desean y se asocian todo el tiempo. Pero también sabemos por seres humanos reales e investigaciones sobre ellos que alrededor del 3.4 al 5 por ciento de la población no puede encontrar una "pareja adecuada" (Génesis 2) en un miembro del "sexo opuesto" porque esa no es su orientación sexual (fija, establecida, inmutable). (Incluso si reducimos el número al 2 por ciento para tener en cuenta a los bisexuales y cierta medida de fluidez de orientación sexual, el punto sigue siendo válido para el 2 por ciento). Mientras tanto, debemos saber que un porcentaje prediciblemente muy grande de estas personas del mismo sexo irresistiblemente atraídas tienen la misma necesidad agobiante de asociación y compañía sexual, y la misma perdida dolorosa al sentirse solos, que el hombre experimenta, y Dios reconoce como "no es" bueno", en Génesis 2.

Estos fenómenos, encarnados por personas reales, existen. ¿Cómo vamos a integrar estos persistentes hechos con las Escrituras, mientras respondemos con compasión a los seres humanos reales frente a nosotros?

Sólo hay tres tipos posibles de respuestas cristianas a estos dos tipos diferentes de conocimiento, uno ofrecido en el texto bíblico y el otro ofrecido en *hechos persistentes* ofrecidos por las vidas de personas e investigaciones científicas.

Una respuesta busca reducir la disonancia cognitiva *descartando la historia bíblica como una fábula antigua*.

Otra busca reducir la disonancia cognitiva *descartando los hechos persistentes, como las experiencias reportadas de personas reales contemporáneas y la investigación relacionada, como impíos o imposibles.*

La tercera es *encontrar alguna forma de integrar ambos tipos de conocimiento*, como lo han hecho muchos cristianos en relación con el hecho que tenemos un sistema solar heliocéntrico y algún tipo de proceso evolutivo durante miles de millones de años.

Una forma sencilla de lograr tal integración es decir que *normalmente* la identidad de género es claramente masculina o femenina y que *normalmente* la identidad de género coincide con la asignación de género y que *normalmente* la orientación sexual es heterosexual. Es decir, esto es estadísticamente lo que experimenta la mayoría de las personas y, por lo tanto, es la forma en que la mayoría de las sociedades han estructurado sus expectativas maritales, sexuales y familiares y, por lo tanto, es el relato que probablemente se refleje en los textos religiosos antiguos, incluida la Biblia.

Pero es un hecho persistente que la diferenciación también existe en la familia humana, y no solo en el área de la sexualidad, y no solo recientemente. Esa pequeña minoría de personas cuya identidad de género y orientación sexual resulta ser algo diferente a la mayoría debería poder ser aceptada por lo que es y ser asistida, cuando sea necesario, de la manera más congruente con su bienestar general. Esto refleja mejor el espíritu del ministerio de Cristo que exigir una uniformidad imposible y rechazar a quienes no la alcanzan.

Propuesta 2: Debido a que los argumentos del supuesto diseño de Dios en la creación han demostrado ser notablemente problemáticos en la historia cristiana, no confíe en ellos para la ética sexual.

Esencialmente, esta propuesta sugiere que los cristianos deberían mirar hacia adelante en lugar de hacia atrás al pensar teológica y éticamente sobre el tema LGBTQ. Me di cuenta al trabajar con los escritos de Dietrich Bonhoeffer en el 2013 que después de aceptar inicialmente el lenguaje de "órdenes de la creación" extraído de su tradición luterana, él lo abandonó por un nuevo lenguaje de "mandatos".[82] El hizo esto, al menos en parte, porque se había alarmado por los peligros del lenguaje de las órdenes de la creación en su contexto cristiano alemán cada vez más nazi. Allí, muchos cristianos habían defendido durante mucho tiempo prácticas e ideologías sociales conservadoras e incluso reaccionarias como reflejo de la voluntad de Dios en la creación. Luego, en las décadas de 1920 y 1930, los pensadores nazis o influenciados por los nazis tomaron conceptos como sangre, suelo, raza y nación y los vincularon a una ética teológica de la creación, adaptando el lenguaje luterano de las órdenes de creación para este propósito. Así, se afirmó, y por parte de algunos teólogos de alto rango, que Dios estableció diferentes razas, de diferentes sangres, en diferentes tierras, con una jerarquía racial entre los diferentes grupos, con la consiguiente prohibición divina de "mezclar razas", y así sucesivamente.

Bonhoeffer, en cambio, cambió al lenguaje de los mandatos. Su enfoque retuvo el reconocimiento de que la vida nos llega estructurada en varias instituciones o esferas importantes como la familia, el estado y las personas. Pero rechazó cualquier afirmación de que lo que vemos a nuestro alrededor en un mundo caído es simplemente igual a lo que Dios creó o pretendió originalmente. Y rechazó la versión nazi de lo que Dios pretendía originalmente. Y, finalmente, restó importancia a la creación como categoría ética en favor de la preservación terrenal realista de las condiciones de vida necesarias para el bienestar humano y la preparación para Jesucristo.

Este problema me recuerda los debates en mi propia vida en los que se han usado y abusado las afirmaciones de las narrativas de la creación:

- Los cristianos que afirman que en Génesis 1:26-31 Dios le dio a los humanos dominio sobre la tierra para hacer con ella lo que queramos y, por lo tanto, hablar de "cuidar la tierra o cuidado de la creación" es una violación del plan de Dios para el dominio humano sobre la creación.

- Los cristianos que afirman que en Génesis 9:11 Dios prometió que nunca más enviaría otra inundación, por lo que el temor de los climatólogos de que el cambio climático desbocado podría cambiar los niveles del mar debe ser rechazado.

- Los cristianos que afirman que en Génesis 2 la mujer es para el hombre una ayuda sumisa al líder divinamente establecido, y en Génesis 3 que la mujer fue "la primera en la caída edénica" y, por lo tanto, moralmente inferior.

- Cristianos que afirman, o alguna vez afirmaron, que en Génesis 9 la "maldición de Cam" significa que todos los descendientes de africanos estaban destinados a ser esclavos.

No estoy sugiriendo a partir de estos tristes ejemplos que Génesis 1-11 no pueda desempeñar un papel constructivo en la ética cristiana. Pero estoy sugiriendo la idea de que *la teología cristiana se inclina mejor hacia Jesucristo*, su persona y su obra, su forma de ministrar y hacer avanzar el reino venidero de Dios, la nueva creación que él trae, en lugar de inclinarse hacia atrás, hacia las narrativas primitivas de la creación, donde muy a menudo nos encontramos con problemas.[83]

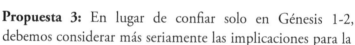

> **Propuesta 3:** En lugar de confiar solo en Génesis 1-2, debemos considerar más seriamente las implicaciones para la ética sexual de vivir en un mundo de Génesis 3.

Esencialmente, esta propuesta sugiere que no puede haber un retorno real o teológico al Jardín primigenio descrito brevemente al comienzo de Génesis.

Históricamente, la mayoría de los cristianos han leído Génesis 3 como un relato de una "caída" humana primitiva en el pecado, y Génesis 4 a Apocalipsis 22 como una ilustración de las consecuencias de la caída y la respuesta redentora de Dios con Israel y en Cristo. Permanezcamos dentro de ese mundo de pensamiento por un momento aquí, aun reconociendo que su fundamento exegético en Génesis 1-3 es discutible.

Muchos pensadores cristianos han dicho algo así: Dios crea una buena creación, los seres humanos pecan y la estropean, y luego Dios actúa para ofrecer la redención, un proceso que continuará hasta el final de los tiempos cuando Cristo regrese. Todavía podemos ver destellos de la buena creación original, ciertamente podemos ver mucha evidencia del pecado y sus efectos desordenadores, y ciertamente esperamos poder ver destellos (o más) de la redención irrumpiendo a través de Cristo. Este sigue siendo un relato teológico que encuentro profundamente convincente.

Una teología del pecado apropiadamente oscura reconoce la "depravación total", lo que significa que no hay ningún aspecto de la vida humana o planetaria que no se vea afectada por el pecado y sus efectos desordenadores. Esto ciertamente incluiría la sexualidad humana, que está distorsionada y desordenada de mil maneras diferentes. Piense en los delitos y escándalos sexuales que surgen en las noticias de cada semana. Pero es igual de cierto para todos los aspectos de la creación y de la vida humana. Un soleado optimismo liberal sobre la naturaleza humana no está sincronizado con la tradición teológica cristiana y la evidencia de nuestros ojos. Tampoco está sincronizado con las enérgicas exhortaciones morales que se ofrecen a lo largo de las Escrituras al pueblo de Dios, y los límites obvios de esas exhortaciones para traer una transformación fundamental a los seres humanos pecadores, incluso cuando esos seres humanos intentan cooperar.

Mi sugerencia aquí es simplemente esta: los tradicionalistas apelan a Génesis 1-2; Dios los hizo hombre y mujer y el hombre para la mujer, por lo que todos deben ajustarse a este patrón o vivir como célibes. Pero rara vez mencionan Génesis 3, que (la mayoría de los cristianos han dicho) cuenta la historia de los comienzos del pecado humano, con las consecuencias desordenadas que se describen tan dolorosamente en Génesis 4 hasta Apocalipsis.

Si vivimos en un mundo de Génesis 3, y no en un mundo de Génesis 1-2, esto sin duda significa que la sexualidad *de todos* es pecaminosa, defectiva y desordenada, como todo lo demás sobre nosotros. Nadie tiene el tipo de sexualidad de Génesis 1-2. Parafraseando al exsecretario de defensa Donald Rumsfeld (te sorprendió, ¿no?), *llegamos a la vida adulta con la sexualidad que tenemos, no con la sexualidad que podríamos querer o desear tener.* Ningún adulto es un inocente sexual. Nuestra tarea, si somos cristianos, es tratar de ordenar la sexualidad que tenemos de la manera más responsable posible. No podemos volver a Génesis 1-2, un mundo primitivo sin pecado. Pero podemos hacer lo mejor que podamos con la sexualidad de Génesis 3 que tenemos. La especialista en ética católica Lisa Cahill escribió una vez que la ética sexual cristiana en el mundo en el que realmente vivimos debe ayudar a las personas a llegar a "el curso de acción moralmente más encomiable que esté disponible concretamente" en sus circunstancias particulares.[84] Eso se refiere a todos nosotros.

Los tradicionalistas a menudo hablan como si la sexualidad de las personas heterosexuales fuera inocente, mientras que la sexualidad de las personas gays y lesbianas está quebrantada/dañada/pecaminosa. Los revisionistas a menudo hablan como si la sexualidad de todos fuera inocente. *Estoy sugiriendo que en la perspectiva de Génesis 3, la sexualidad de nadie es inocente.* La sexualidad de todos está quebrantada de maneras que cada uno de nosotros conoce muy bien en sus propios corazones. La sexualidad de todos necesita ser moralmente disciplinada y ordenada. Mientras tanto, las normas básicas de la humildad cristiana dirigen nuestra atención a nuestros propios problemas en lugar de los de los demás.

Argumentaré en el próximo capítulo que la tradición cristiana ya ha propuesto una norma para los seres humanos que luchan con la sexualidad de Génesis 3: esa norma es el pacto. Es un estándar riguroso, que nos desafía al esfuerzo más arduo, y burlado constantemente hoy, incluso por los cristianos.

Si realmente nos preocupamos por acertar con nuestra ética sexual en un mundo de Génesis 3, necesitamos volver a comprometernos firmemente con el pacto. Es un estándar por el que todos podemos esforzarnos y ser medidos.

Hacia un pacto

¿Qué sigue? Explorando un estándar de pacto para la ética sexual de cada cristiano.

Muchas universidades y seminarios cristianos están luchando con el tema LGBTQ. Frecuentemente en mis visitas a estas escuelas durante las últimas dos décadas ha surgido este tema omnipresente, incluso cuando no está en la agenda.

Recuerdo una vez que estaba haciendo un taller en una universidad cristiana muy conservadora en el oeste. Nuestra conversación "se dirigió a ese tema". Recuerdo esta observación cristalina de un filósofo de esa facultad: "El problema es que sabemos que la homosexualidad está mal, pero ya no sabemos por qué". Y los filósofos, más que cualquier persona, saben que, si no puedes argumentar tu afirmación, sino solo hacer una afirmación, estás en una posición insostenible.

Los padres también lo saben, a su manera. Recuerdo haber participado en un seminario para padres basado en materiales escritos por un evangélico bastante conservador. Una de las cosas que me gustaban de ese material era el énfasis del autor en que los padres *dieran razones* a sus hijos de las reglas que estaban imponiendo.

Entonces: Aquellos que son indeleblemente gays o lesbianas en su orientación sexual nunca deben desarrollar relaciones románticas, porque… ¿por qué, exactamente? ¿Cuáles son las razones? ¿Qué podría hacer que tales relaciones sean pecaminosas? Para usar la frase de James Brownson, ¿cuál es la "lógica moral" de esta prohibición?[85]

Que la Biblia lo dice. Bien, ¿en qué pasajes exactamente?

- Génesis 19/ Jueces 19: Pero estos textos enseñan lo horrible que es violar en grupo a hombres/ángeles visitantes. Desafortunadamente, Sodoma se asoció con la "sodomía" durante mil años.

- Levítico 18:20: Estos textos dicen que los hombres que se acuestan con hombres como con mujeres son una abominación, pero los eruditos difieren en cuanto a las razones de esta prohibición. Mi capítulo discutió la complejidad de desarrollar normas éticas cristianas a partir de estos y otros textos legales del Antiguo Testamento.

- Corintios 6/ 1 Timoteo 1: Estos textos ofrecen dos palabras griegas cuyos significados son un tanto confusos y de traducción dudosa, y los colocan en listas de vicios con pocas claves de contexto.

- Génesis 1-2/ Mateo 19/ Romanos 1 (quizás también Levítico 18:20, 1 Corintios 6/ 1 Timoteo 1): se puede leer que estos textos dicen que las relaciones entre personas del mismo sexo violan el diseño de Dios en la creación, a menudo descrito como complementariedad sexual, aunque tales lecturas también son discutibles. Aun así, este es el "por qué" más fuerte del lado tradicionalista. En mi último capítulo, ofrecí tres respuestas posibles a esta fuerte razón sobreviviente para rechazar moralmente todas las relaciones entre personas del mismo sexo (y antes discutí importantes factores de trasfondo cultural que contribuyen al tratamiento de Pablo de los problemas entre personas del mismo sexo).

Los tradicionalistas a veces expresan su asombro acerca de cómo un cristiano podría reconsiderar su punto de vista sobre el tema LGBTQ. Pero he aquí una fuente de la reconsideración: las supuestas *razones* bíblicas para la prohibición del único tipo de relaciones de ayuda idónea-pareja-relaciones románticas que las personas gays y lesbianas podrían ejercer se reducen principalmente a una sola afirmación teológica central basada en los textos de la creación y un puñado de posibles ecos y alusiones en el Nuevo Testamento.

Y sobre la base de esta lectura de las Escrituras, reforzada a través de la tradición cristiana, conectada a las estructuras de poder de las autoridades eclesiásticas muy difíciles de cambiar en el cristianismo global, creando una apatía profunda en las formas cristianas de pensar y actuar, una pequeña minoría del 3.4 al 5 por ciento de nuestros hermanos y hermanas en Cristo ha sido excluida de la plena aceptación en la comunidad cristiana. Con demasiada frecuencia han sido repudiados y expulsados de sus propias familias. Han sido sometidos a graves trastornos psicológicos y llevados a autolesionarse y suicidarse. Y en la sociedad, los gays y las lesbianas han sufrido discriminación civil durante siglos, que solo ahora está disminuyendo, y algunos cristianos luchan contra esa relajación de perspectiva con uñas y dientes. Ese es un gran precio a pagar.

Habiendo revisado cuidadosamente los textos relevantes, ahora creo que lo que se ha visto como evidencia bíblica incuestionable para la marginación moral de las personas LGBTQ o de las personas en relaciones del mismo sexo no es tan indiscutible después de todo. *Depende principalmente de si podemos pensar de manera diferente acerca de cómo relacionar nuestro relato cristiano del diseño de Dios en la creación con la existencia de una pequeña minoría de prójimos gays y lesbianas, algunos de los cuales son seguidores devotos de Cristo.* Ciertamente creo que tal conversación no debería ser imposible; el asunto no debe estar más allá del diálogo y el estudio, algunos de los cuales he intentado aquí.

Avanza conmigo hacia otra bifurcación en el camino. Digamos que sacamos a las personas LGBTQ de las tinieblas exteriores y las incluimos en la comunidad cristiana como todos los demás. Esto no resuelve la cuestión de qué se supone que deben hacer las personas LGBTQ con sus anhelos sexuales y románticos. Digamos que se levanta la prohibición basada en la orientación. ¿Qué lo substituye? Eso también requiere una propuesta, y razones.

Gran parte de la cultura occidental contemporánea diría: una ética sexual apropiada es hacer lo que quieras hacer sexualmente si no lastima a nadie que no quiera lastimarse mientras tiene relaciones sexuales, o tal vez, con un poco más de refinamiento, si no implica la explotación de un menor o de una persona discapacitada o no corre el riesgo de embarazo o enfermedad. Llamemos a esto *la ética del consentimiento mutuo.* Aparte de eso, todo vale.

Algunos, refinan su ética a un nivel un poco más alto y exigente, dirían: una ética sexual apropiada es encontrar a una persona a quien amar y restringir el sexo solo a esa persona durante el tiempo que dure esa relación. Llamemos a esto *la ética de la relación amorosa.*

Históricamente, el cristianismo ha dicho: El plan de Dios para la ética sexual requiere que un hombre y una mujer hagan un pacto de matrimonio que los una de por vida entre sí (ante Dios, la iglesia y el estado, en representación de la sociedad civil), y que permanezcan fieles a las promesas de ese pacto, incluyendo la fidelidad y la exclusividad, hasta que uno de los cónyuges fallezca de muerte natural. Llamemos a esto *la ética marital del pacto.* Prohíbe todas las relaciones sexuales fuera del matrimonio, la infidelidad, el abandono y el divorcio (con raras excepciones), haciendo del celibato la única alternativa al matrimonio.

Cada ética sexual corresponde a alguna necesidad en la vida humana, pero cada una requiere sucesivamente más seres humanos de los "Génesis 3" a los que se aplica.

La ética del consentimiento mutuo reconoce profundos deseos humanos y necesidades sexuales y solo establece restricciones relacionadas con la coerción, el abuso y el daño. Tiene un amplio impacto en nuestra cultura contemporánea. Esta es la ética que se enseña (aparentemente sin mucho éxito, al juzgar por las tasas de agresión sexual) en nuestros campus universitarios seculares.

La ética de la relación amorosa reconoce las mismas necesidades humanas profundas de sexo, pero agrega una capacidad humana para el amor y reconoce las conexiones humanas y, por lo tanto, las vulnerabilidades creadas entre las personas en una relación sexual íntima. Reconoce que las relaciones funcionan mejor si son monógamas mientras duren, pero no espera que duren. Esta es la ética enseñada en la mayoría de nuestras canciones de amor.

La ética cristiana del pacto marital reconoce esos deseos sexuales, esa capacidad de amar y esa necesidad de fidelidad, y también el profundo gozo posible en una relación de por vida. Pero *exige* que tales relaciones tomen la forma de matrimonio, y que esos matrimonios realmente duren toda la vida (con ciertas raras excepciones), aunque eso es muy difícil de lograr para los seres humanos inconstantes y combativos. Así, la tradición cristiana no abandonó a los seres humanos a nuestras propias inclinaciones naturales quebrantadas, sino que nos rodeó de estructuras legales, morales, comunitarias y eclesiales para hacernos aferrarnos a nuestros compromisos incluso cuando no quisiéramos hacerlo. Y prometía la ayuda de la iglesia cristiana y del Dios que adoramos para aquellos que buscaban hacer y guardar pactos o convenios matrimoniales.[86]

La ética del pacto marital enseñada anteriormente por la tradición cristiana se derrumbó gradualmente a mediados y finales del siglo XX. Puedes verlo reflejado a través de las generaciones. Mi padre acaba de enterrar a mi madre. Estuvieron casados durante 53 años. Lo hicieron bien. Pero pocos de la generación que actualmente tiene menos de 35 años volverán a ver un matrimonio de 50 años. Mi opinión es que la ética del consentimiento mutuo desafió la ética del pacto marital en la década de 1960, y el esfuerzo de muchos por comprometerse con una ética de relación amorosa fracasó gravemente, produciendo solo una monogamia en serie en el mejor de los casos. Pero el matrimonio no es realmente matrimonio cuando es una monogamia en serie, y el colapso del concepto mismo de un pacto de unión, fiel y de por vida ha debilitado el matrimonio en sus cimientos. Este colapso del concepto de matrimonio de pacto de por vida es sin duda el mayor problema ético sexual-familiar de nuestro tiempo, y es el tema que debería atraer el escrutinio moral que, en cambio, se ha centrado en el tema LGBTQ.

En una cultura con matrimonios que se derrumban (o que nunca se formaron), son los niños los que más sufren. El elemento olvidado en el pensamiento cristiano contemporáneo sobre el matrimonio son los hijos. Es como si los adultos de la década de 1960 olvidaran el poder procreador del sexo. Los adultos podían tener sexo con quien quisieran cuando quisieran porque la píldora o el condón se encargarían de eso.

Pero no fue así. La mitad de los niños en los EE. UU. son concebidos accidentalmente y alrededor del 40 por ciento nacen fuera del matrimonio. El divorcio es bastante omnipresente. En todo los Estados Unidos, y en todo el mundo "avanzado", niños indefensos son arrojados como restos de naufragio dentro y fuera de la caótica vida sexual de sus padres. El ingenio astuto de la antigua ética del pacto marital era que se trataba al menos tanto del bienestar de los niños como de los adultos.

Soy un tipo de ética sexual marital-de pacto. Cualquiera que haya leído algo de lo que he escrito anteriormente sobre este tema lo sabrá. Creo que esta ética surge de las Escrituras en textos como Malaquías 2, Mateo 19/Marcos 10 y Efesios 5. Detesto la ética del consentimiento mutuo; Creo que es desastrosa. Estoy seguro de que la ética de la relación amorosa también falla en última instancia. Creo que la mejor lectura del testimonio de las Escrituras, así como la evidencia disponible a nuestros propios ojos, es que los seres humanos, los adultos y los niños de quienes son moralmente responsables, necesitan pactos matrimoniales que duren toda la vida. Estoy en la marca de 30 años de mi propio pacto de matrimonio cristiano. Y yo soy el recipiente más bendecido del gran pacto hecho por mis padres.

Las exploraciones de estos muchos capítulos no han sacudido ese compromiso en lo más mínimo. Soy un pactista estricto y tengo poca paciencia con las iglesias cristianas que carecen de la confianza y el rigor para adoptar un enfoque exigente hacia el pacto. También creo que su laxitud moral ha dañado gravemente a la comunidad LGBTQ cristiana seria que quiere participar en el cristianismo clásico (menos las cosas antigay).

Hay algunos cristianos liberales gays, lesbianas y bisexuales que quieren que yo y otros tipos de pastores-eruditos cristianos ofrezcamos una "bienvenida y afirmación" inequívoca a cualquier relación sexual en la que tengan ganas de embarcarse. No lo encontrarán de mí.

Pero también hay cristianos que son gays, lesbianas y sí, bisexuales (una persona de orientación bisexual puede hacer un compromiso de pacto con una persona, como cualquier otra persona) y piden ser bienvenidos a la ética del pacto marital de la tradición cristiana. Quieren hacer un pacto de por vida con una persona, de acuerdo con el testimonio de la tradición cristiana, y les gustaría tener el apoyo de sus congregaciones para hacerlo.

En realidad, es bastante notable: a pesar de su rechazo por parte de la Iglesia, estos gays y lesbianas bastante "tradicionalistas" han adoptado las mejores enseñanzas de la Iglesia sobre el matrimonio y el pacto. Ellos solo quieren un lugar en esa tradición también.

Al explorar el tema LGBTQ aquí, nunca me he preguntado si el estándar disciplinado del pacto-matrimonial en la ética sexual cristiana debería debilitarse para "afirmar" cualquier cosa casual, explotadora, experimental, fuera de control, borracha, de ligue, poliamorosa, sexual. Las prácticas sexuales de "seguir tu corazón" o de salir con alguien están rebotando en la cultura estadounidense, principalmente entre los heterosexuales.

En cambio, estoy preguntando si los cristianos gays y lesbianas que son fieles a su fe cristiana podrían participar en el estándar ético sexual marital del pacto: una persona, de por vida, fiel y exclusiva, en una relación recíproca amorosa, no explotadora, no coercitiva, esa es la expresión más alta de la ética sexual cristiana, que, de hecho, un buen número ya está practicando. No puedo encontrar una razón convincente para seguir diciendo que no.

Encuentros transformadores
y saltos de paradigma

Cómo es que los cambios (o saltos) de paradigma en la interpretación bíblica a menudo han ocurrido a través de encuentros sorprendentes con Dios y las personas.

En los últimos capítulos, he tratado gradualmente de revelar por qué las formas tradicionalistas de conectar los puntos bíblicos en el tema LGBTQ ya no me resultan convincentes.

Podría parecer que estoy argumentando que todo mi proceso de repensar este tema no ha sido más que una cuestión de estudio bíblico. Una vez estudié la Biblia y la entendía de esta forma; ahora estudio la Biblia y la entiendo de una manera nueva.

Pero mi propia metodología ética nunca ha sido tan ingenua que se diga. En *La ética del reino*, ofrecemos un diagrama de cuatro cajas desarrollado originalmente por Glen Stassen relacionado con el cómo ocurre el discernimiento moral.[87] Decimos que las convicciones básicas, lealtades, confianzas, intereses, pasiones, formas de percibir la realidad y formas de razonamiento moral están complejamente interconectadas, y que esto involucra la cabeza y el corazón, no solo la reflexión racional. Los últimos capítulos se enfocarán principalmente en este nivel.

Estaba haciendo mi lectura devocional mientras estaba de vacaciones el verano pasado; me aseguré de decir ambas cosas para que los lectores que se preguntaban sobre mi salvación al menos se dieran cuenta de que todavía leo la Biblia devocionalmente, incluso en vacaciones, y estaba completamente estupefacto por algo. Nunca antes me había fijado en la historia del Camino de Emaús de Lucas 24.

En la historia, los dos discípulos desconsolados discuten con un extraño sobre la destrucción de sus sueños. Jesús acababa de ser asesinado judicialmente, pero ellos "esperaban que él fuera el que redimiría a Israel" (Lucas 24:21). Resulta que la persona con la que están hablando es el mismo Jesús, "pero no lo reconocieron, pues sus ojos estaban velados." (Lucas 24:16). Cuentan la historia tal como la ven ahora, y luego el misterioso extraño dice: "¡Que torpes son ustedes - les dijo -, y que tardos de corazón para creer todo lo que han dicho los profetas! ¿Acaso no tenía que sufrir el Cristo estas cosas antes de entrar en su gloria?" El texto continúa diciendo: "Entonces, comenzando por Moisés y por todos los profetas, les explicó lo que se refería a él en todas las Escrituras" (Lucas 24:26-27). Finalmente, después de una comida misteriosamente sacramental con el extraño, "lo reconocieron" (Lucas 24:31), y desapareció.

Ningún erudito bíblico argumenta que los judíos del primer siglo esperaban un Mesías crucificado, un Israel no liberado y un mundo no transformado. Nada en las narraciones del nacimiento en el libro de Lucas (Lucas 1-2) muestra a alguien anticipando que el bebé que nacería para liberar a Israel lograría esta liberación muriendo desnudo y ridiculizado en una cruz romana. En el diálogo judeocristiano, mi asesor de tesis, el rabino Irving Greenberg, dejó muy claro el punto cuando dijo que Jesús no podría haber sido el Mesías para "la abrumadora mayoría de los judíos… dados los hechos sobre el terreno".[88]

Pero para los primeros cristianos judíos y luego gentiles, su encuentro transformador con Jesús los condujo a un gran cambio de paradigma, tan grande que es mejor llamarlo un *salto de paradigma*. A pesar de la interpretación judía anterior y aún prevaleciente, ahora creían que este Jesús en realidad era el Libertador prometido, el Mesías y mucho más. La forma en que supieron esto fue porque su viejo paradigma no sobrevivió a su encuentro transformador con Jesucristo crucificado y resucitado. Viejo paradigma + *encuentro transformador* = salto de paradigma a una nueva lectura de la Escritura.

Los cristianos judíos fueron los que inicialmente dieron ese salto de paradigma después de su encuentro transformador con Jesús, especialmente con el Jesús posterior a la resurrección. Los judíos no cristianos fueron los que no lo hicieron, quizás porque no tuvieron esa oportunidad. Fue el nacimiento de una división nefasta, una gran bifurcación en el camino si alguna vez hubo uno.

Considere otro texto bíblico realmente importante.

Muchos de los que han estado luchando con este problema LGBTQ, especialmente en congregaciones cada vez más "integradas en la orientación sexual", se han encontrado regresando a Hechos 10. No volveré a contar toda la historia, solo la parte clave. Dios le enseña a Pedro a través de su encuentro divinamente arreglado con el centurión gentil convertido Cornelio que: "para Dios no hay favoritismos, sino que en toda nación él ve con agrado a los que le temen y actúan con justicia. …Jesucristo, él es el Señor de todos" (Hechos 10:34-36).

Pedro había operado desde un paradigma bíblico arraigado firmemente en las Escrituras judías ampliamente atestiguadas y en la tradición de que Dios favorece al pueblo judío a través de la elección y que la "ley prohíbe que un judío se junte con un extranjero (gentil) o lo visite" Pero: "Dios me ha hecho ver que a nadie debo llamar impuro o inmundo" (Hechos 10:28). Este paradigma bíblico, *más el encuentro transformador arreglado divinamente con los creyentes gentiles recién convertidos*, forja un gran salto de paradigma, que conduce a una nueva lectura de las Escrituras. Cualquier estudiante del Nuevo Testamento sabe cuán difícil resultó ser este salto de paradigma para la Iglesia primitiva, incluso para el mismo Pedro. ¡¿La Iglesia ahora daría la bienvenida a los gentiles en igualdad de condiciones con los judíos, y la ley judía se dejaría de lado en gran medida?! Algunos pudieron hacer este cambio; otros no pudieron. Otra bifurcación en el camino. En esas mismas vacaciones, comencé a leer el clásico *Uncle Tom's Cabin* (que en español se traduciría como La cabaña del tío Tom) escrito por Harriet Beecher. Me sorprendió lo tanto que ese trabajo abolicionista clásico se trataba de argumentos cristianos por personas blancas relacionados con lo que dice la Escritura sobre la esclavitud. Innumerables escenas revelan el uso despiadado de los textos bíblicos que afirman la esclavitud por parte de los propietarios de esclavos, los comerciantes y muchos otros para endurecer la columna vertebral de los esclavistas y también para reprimir la resistencia de los esclavos. Pero en numerosos lugares, aquellos que citan estas frases bastante claras de las Escrituras como: "Esclavos obedezcan en todo a sus amos por respeto al Señor" (Colosenses 3), son *desafiados por encuentros transformadores con esclavos reales*— su humanidad, su sufrimiento, su dignidad, su amor por sus familias—lo que termina por hacer añicos sus viejas formas de leer las Escrituras.

Lo mismo ha sucedido una y otra vez en los mejores momentos de la historia cristiana. Una forma más antigua o inadecuada de conectar los puntos bíblicos se destruye con los encuentros transformadores con seres humanos reales.[89] Precisamente en estos encuentros, muchos dan fe de la experiencia del Espíritu transformador de Dios.[90]

Sucedió cuando españoles y portugueses citaban las Escrituras para justificar la conquista y esclavización de los pueblos indígenas de América Latina, aunque algunos de ellos, como Bartolomé de las Casas, no pudieron aceptar estas lecturas después de encuentros transformadores con los seres humanos afectados y sufridos.[91]

Sucedió, por último, principalmente después del Holocausto, cuando grandes sectores de la iglesia cristiana finalmente dejaron de citar textos bíblicos para justificar el desprecio por los judíos (ver capítulo 20). Una "enseñanza del desprecio" milenaria esencialmente desapareció en una sola generación. Échale un vistazo a *Faith and Fratricide* escrito por Rosemary Ruether para un recuento esencial de esa terrible historia.[92]

Y sucedió cuando las enseñanzas centenarias sobre la inferioridad moral y espiritual de las mujeres esencialmente colapsaron frente al feminismo cristiano y los encuentros transformadores con los dones espirituales de las mujeres, que hicieron inadmisible el viejo paradigma. Incluso los tradicionalistas en ese tema se alejaron de la mayoría de los aspectos de esa tradición que no sean (algunos, refutables) el límite en los cargos, funciones o roles de liderazgo ministerial de las mujeres.[93]

Algunos de nosotros creemos que en nuestro tiempo un paradigma antiguo y destructivo basado en una forma particular de conectar los puntos bíblicos *no ha sobrevivido a los encuentros transformadores que estamos teniendo con individuos cristianos* LGBTQ, encuentros en los que experimentamos recordatorios regulares y asombrosos de la presencia de Dios.

Si tales encuentros transformadores son tan importantes para ver los problemas de una manera nueva, debe hacer que el conflicto moral sea inevitable, porque, inevitablemente, no todos son bendecidos con tales encuentros transformadores. Yo sí lo he sido.

Quienes estamos en el proceso de dar un salto de paradigma hacia la plena aceptación de las personas LGBTQ a veces somos acusados de "abandonar el Evangelio". Esta es una acusación muy seria. ¿Acaso se pone en peligro las Buenas Nuevas de que "en Cristo Dios estaba reconciliando al mundo consigo mismo" (2 Corintios 5:19), y que "tanto amó Dios al mundo que dio a su Hijo unigénito, para que todo el que cree en él que no se pierda, sino que tenga vida eterna" (Juan 3:16) cuando los cristianos proponen repensar un aspecto de la ética sexual cristiana? ¡Eso es todo un argumento por sí mismo!

Los encuentros transformadores con Dios, y con la humanidad, el sufrimiento y la dignidad de aquellos creados a la imagen de Dios, especialmente aquellos previamente marginados o rechazados, más especialmente aquellos tan maltratados por el propio pueblo de Dios, a menudo conducen a saltos de paradigma, pero lamentablemente, nunca para todos. *Los saltos de paradigma dividen,* al menos en sus primeras etapas, y quienes los realizan son a menudo acusados de abandonar las Sagradas Escrituras. Pero rechazo enérgicamente tal pretensión, o cualquier acusación de haber abandonado el Evangelio.

La absurdamente maravillosa Buena Nueva de que un carpintero judío crucificado es el Mesías de Israel y Salvador del mundo entero, y ha venido a rescatarnos, fue el primer salto de paradigma en la historia del cristianismo. Creo que los cristianos en realidad lo llamamos "el Evangelio". Transformó el mundo.

Un recorrido narrativo dual

En el verano del 2011, tuve el privilegio de participar en una visita a Israel y los territorios palestinos bajo la tutela del Seminario Teológico Fuller. El viaje se organizó como un "recorrido narrativo dual". Nuestras guías eran mujeres locales jóvenes, una árabe israelí y una judía israelí. A través de sus propias historias personales, así como de su propia forma de contar la historia y la realidad de las circunstancias sobre el terreno, estas maravillosas jóvenes guías nos enseñaron que hay (al menos) dos narrativas para describir todo lo que ha pasado y está pasando en la tierra entre el Jordán y el Mediterráneo.

Ese viaje me ha venido a la mente a menudo en los últimos años mientras reflexionaba sobre el tema LGBTQ. Propongo que las respuestas a este problema sigan líneas narrativas duales (que compiten). Estos marcos narrativos son tan evidentes para la mayoría de sus adherentes que a menudo encuentran la narrativa alternativa completamente inconcebible, al igual que Israel/Palestina. Ofrecen dos formas alternativas de "ver" lo que está pasando en el debate LGBTQ contemporáneo.

Hace décadas, el teólogo H.R. Niebuhr escribió que la primera pregunta de la ética no es "¿Qué debo hacer?" sino "¿Qué está pasando aquí?"[94] Estaba en lo cierto. Entonces, *¿qué está pasando realmente aquí?*

Llamemos a la primera respuesta *una narrativa de decadencia cultural, eclesial y moral*. La conozco bien, porque a veces he escrito en este sentido y ciertamente he escrito sobre eso, incluso en un libro que salió en el otoño del 2015.[95] Se puede notar muy fácilmente desde lejos a 30mil pies de altura como una historia de la secularización occidental y el colapso de la cristiandad, o al menos el dominio cultural cristiano. Viéndolo un poco más cerca como a unos 15mil pies de altura puede enmarcarse como una historia de capitulación cristiana ante el liberalismo teológico y ético, con la consiguiente erosión de la vitalidad de las iglesias. Y desde muy cerca a unos 5mil pies de altura puede parecer una historia del colapso de la ética sexual occidental/cristiana histórica bajo los ataques de la revolución sexual. Todo se suma a la convicción de que seguir fielmente a Cristo hoy exige resistir a este declive.

Esta narrativa ve la historia occidental moderna y de los EE. UU. principalmente como una triste historia de apostasía de un núcleo cristiano original. Esta historia, que rara vez se centra en los conflictos históricos y los fracasos en la historia cristiana, occidental o estadounidense, se enfoca, sueña o reflexiona sobre una época en la que el cristianismo ocupaba la posición dominante en la cultura occidental y estadounidense, cuando la teología y la moralidad cristiana prevalecían con mayor frecuencia, y cuando la ética sexual se entendía a lo largo de las líneas cristianas tradicionalistas: heterosexual, marital, fiel, permanente, etc. El papel de la iglesia cristiana fiel es oponerse al declive cultural, o al menos contra la invasión de tal declive en la Iglesia misma.

Desde la perspectiva de esta narrativa, el tema LGBTQ se enmarca como un ejemplo más, y quizás el más atroz, de este declive cultural, eclesial y moral. Yo mismo escribí una vez (en *Getting Marriage Right* que en español se traduciría Como lograr un buen matrimonio) que la revolución de los derechos gays fue una de las siete revoluciones que debilitaron la comprensión cristiana histórica del matrimonio. Lo enmarqué como relacionado con la revolución sexual, el dramático aumento del divorcio, etc.; Defender el fortalecimiento del matrimonio en la Iglesia requería, al menos implícitamente, oponerse a la aceptación incluso de las relaciones gays pactadas.[96]

Debido a que una vez creí esto, me resulta muy difícil demonizar a los que todavía lo hacen. Y sigo creyendo todo lo que dije allí, excepto la parte sobre las personas gays que buscan relaciones pactadas.

Pero hay una respuesta alternativa. Llamémoslo una *narrativa de marginación, resistencia e igualdad*. A 30 mil pies, esta es una historia de la triste pero constante tendencia humana a elegir a "El Otro" para el desprecio, el rechazo y el maltrato. A 15 mil pies, esta es una historia sobre las formas en que los cristianos han participado tan a menudo en el maltrato dañino de aquellos vistos como pecadores, marginales o menos que, ya sean mujeres, judíos, nativos americanos, esclavos, afroamericanos, musulmanes, inmigrantes, prisioneros u otras personas. A 5 mil pies, esta es una historia sobre cómo las personas LGBTQ y sus aliados han logrado resistir una mayor marginación y han ejercido presión sobre la Iglesia y la sociedad para que cambien sus actitudes y prácticas. Dentro de esta narrativa, el papel de la iglesia cristiana fiel es la participación compasiva en las luchas de las personas LGBTQ por la inclusión, la aceptación y la igualdad.

¿Cuál narrativa te parece más convincente para explicar lo que está pasando aquí? ¿Cuál visión de la tarea de la Iglesia para nuestra época? Cualquiera que sea, ¿ve cómo las decisiones exegéticas particulares relacionadas con pasajes bíblicos particulares no lo explican completamente? *En cambio, de lo que estamos hablando es de cómo las narrativas ayudan a las personas a dar sentido a patrones más amplios de la realidad tal como la perciben.*

En general, los cristianos tradicionalistas de todo el mundo occidental se sienten atraídos por una narrativa de declive cultural y vinculan el tema LGBTQ contemporáneo a esa narrativa. Especialmente es fácil entender por qué después de tantas derrotas reconocibles en el campo de batalla cultural y tanta confusión doctrinal y moral en las iglesias, a algunos tradicionalistas les parece absolutamente esencial resaltar este tema en particular con una línea roja brillante. Es como la última pelea de Custer en cuanto al rechazo de la cristiandad en contra de la pérdida del dominio cristiano en la cultura, contra el liberalismo teológico y contra el deterioro visible de la ética sexual en la Iglesia y la sociedad, como lo demuestra la ubicuidad del divorcio, la cohabitación y la cultura del enganche o liga. Muchos lucharán en este frente hasta que caiga el último hombre.

Diferentes tipos de tradicionalistas ubicados en diferentes entornos eclesiales y culturales eligen enfocarse en diferentes aspectos de la narrativa del declive cultural. Algunos todavía luchan con fuerza contra el matrimonio gays civil, otros se centran implacablemente en detectar y castigar lo que ven como un desliz doctrinal, y otros se centran más en las luchas exegéticas o en la política eclesial. Un número cada vez mayor recurre a la protección de los derechos civiles de los mismos cristianos tradicionalistas, mientras ven cómo pierden la batalla cultural más amplia.

Estos no son solo los "fundamentalistas". Por ejemplo, encuentro a académicos y líderes reflexivos en las principales denominaciones, o en el entorno del Reino Unido, que están leyendo la realidad de esta manera particular. Conscientes de las tendencias culturales realmente bastante perturbadoras hacia el libertinaje total, en una comunidad infeliz con otros cristianos cuya comprensión de la teología cristiana es, se podría decir que bastante relajada, les preocupa que incluso la aceptación calificada de los cristianos gays devotos, o las relaciones gays pactadas y exclusivas solo será una pendiente resbaladiza hacia (más) decadencia cultural, eclesial y moral. Por lo tanto, trazan la línea aquí mismo, y a veces con bastante fuerza.

Los entiendo. En muchos sentidos, estoy de acuerdo con sus preocupaciones sobre la cultura poscristiana, el cristianismo teológica y éticamente descuidado y la licencia sexual cada vez más atrevida. Me estremezco cuando escucho a la gente hacer argumentos a favor de los gays que son poco más que individualismo y utilitarismo preferencial con un poco de lenguaje religioso derramado. Esa es también la razón por la que nunca uso un lenguaje de "bienvenida y afirmación" sobre este tema: necesito saber qué se está afirmando exactamente. Y esto explica por qué no creo que sea una buena idea fomentar la experimentación sexual y de género y el reto o violación de las normativas como un bien positivo, como suele parecer el espíritu en nuestros campus universitarios y entre los académicos *de vanguardia*. Siempre que sea posible, creo que es mejor que los jóvenes descubran una identidad de género y una identidad sexual claras y se apeguen a ellas. (Llámenme conservador.)

Pero mis docenas de encuentros con cristianos gays serios, muchos de ellos evangélicos, muchos de ellos en relaciones pactadas, me han separado de la narrativa rechazadora más amplia en lo que respecta al menos a las personas LGBTQ cristianas devotas. Quizás mi disposición a tomar en serio a estos hermanos y hermanas cristianos también se ha visto afectada por un estudio serio de numerosos casos en el pasado y en la actualidad en los que los cristianos han leído las Escrituras para herir y marginar a grupos desfavorecidos.

Si de lo que estamos hablando es de bendecir una ética de todo vale en una cultura moralmente libertina, me opongo rotundamente, como lo he hecho a lo largo de mi carrera. Pero si de lo que estamos hablando es de crear espacio para que cristianos serios y comprometidos, que sean gay o lesbianas, participen en la sociedad como iguales, en la iglesia como parientes y en las bendiciones y demandas del pacto en los mismos términos que todos; de lo contrario, ahora creo que eso no tiene nada que ver con el declive cultural, eclesial y moral, y que en vez tiene todo que ver con tratar a las personas como lo hizo Cristo.

Cómo llegué aquí

En este capítulo, ofrezco algo más de mi historia de contexto.

Mi mente y mi corazón han cambiado sobre el tema LGBTQ. No soy el único.[97] Pero tales cambios de corazón perturban a quienes no los entienden o no los aceptan. Creo que sería útil ofrecer un poco más de historia de fondo sobre cómo mi mente y mi corazón han cambiado en este tema, y qué es lo que no ha cambiado. Los cristianos especialistas en ética enseñan sobre todo tipo de temas. El curso de encuesta de ética básica incluye la discusión de la metodología ética y un portafolio de temas que incluyen cuestiones políticas, económicas, sociales, familiares, bioéticas y éticas sexuales. Nadie es un experto en todos estos temas. Especialmente cuando construimos apuntes de clase por primera vez, todos comenzamos con lo que heredamos de nuestros propios maestros y mentores. Luego nos lanzan al salón de clases. Para mí, eso sucedió en el 1993, cuando me paré por primera vez ante una gran sala de conferencias de estudiantes. Yo era un novato aterrorizado de 31 años.

Mi tesis de grado y primeras publicaciones fueron sobre el Holocausto. Había leído poco sobre ética sexual cristiana cuando comencé a dar conferencias sobre el tema. La perspectiva que tenía fue moldeada en gran medida por mis padres, mi propio yo fervientemente heterosexual, mis primeras experiencias bautistas cuando era adolescente, mi choque cultural al tratar con la cultura gay bastante "fuera del armario" en el seminario teológico Union Seminary en Nueva York, y las opiniones conservadoras de mi antiguo mentor Ron Sider, quien es "progresista" en muchos temas, pero en este no.

Así que ahora era profesor de ética bautista/evangélica. Esta era mi identidad y donde trabajaba. No tenía libertad ni espacio mental para considerar puntos de vista alternativos sobre cuestiones de sexualidad. El hecho de que no tuviera una amistad personal con una persona gay o lesbiana antes de llegar a la Universidad de Mercer en el 2007 ciertamente jugó un papel en la ignorancia casi total que aportaba al tema. Mi suave corazón cristiano rechazó a los que decían cosas odiosas sobre las personas gays. Sabía que eso estaba mal. Pero supuse que los problemas normativos estaban claros, principalmente por el tema del diseño de la creación que discutí anteriormente. Así que eso fue lo que dije en esas pocas páginas de *La ética del reino*, y en clase, mientras trabajaba en otros temas.

He vivido en Atlanta y he asistido a la iglesia que queda en Decatur durante diez años. Durante ese tiempo, mi vida se ha enriquecido con una afluencia completamente inesperada de cristianos y ex-cristianos LGBTQ en mi mundo.

El primer acontecimiento importante no tuvo nada que ver con Atlanta en absoluto. Mi querida hermanita, Katey, madre soltera y cristiana, que había sido hospitalizada periódicamente por depresión y ansiedad, incluido un intento de suicidio, se declaró lesbiana en el 2008. Su testimonio es que su depresión se debió en gran medida a su incapacidad para incluso reconocer su sexualidad, y mucho menos integrarla con su fe, y esto fue causado en gran parte por la enseñanza cristiana que había recibido.

El hecho de que la enseñanza cristiana tradicionalista produzca desesperación en casi todas las personas gays o lesbianas que deben soportarla es sin duda una información muy relevante para el debate LGBTQ. Sin duda, es una noticia devastadora cuando se trata de su propia familia. Terminamos teniendo vela en el entierro.[98]

Desde la decisión de Katey de salir del armario, ha estado mucho más sana y feliz, excepto que no fue sino hasta que se unió a mi propia iglesia en Decatur el año pasado, que luchó por encontrar comunidades cristianas que la aceptaran. Yo quiero a mi hermana. Su salida del armario y la experiencia transformadora de mi familia conservadora de relacionarse con ella han sido transformadoras para mí. (Katey no solo me permitió, sino que también me pidió que le contara a usted su historia).

Los aguijones de mi conciencia comenzaron a acelerarse. Recibí una carta alrededor del 2009 de un exalumno que me contaba sobre su propia lucha con la atracción hacia el mismo sexo mientras estaba en la universidad y cómo mi enseñanza sobre este tema en particular había contribuido a su sufrimiento. Desde entonces había salido del armario como gay.

Me uní a una iglesia que, sin ninguna decisión política sobre el tema, comenzó a atraer una afluencia de personas, parejas y familias gays y lesbianas. Estas hermanas y hermanos se convirtieron en parte del tejido de nuestra comunidad eclesial.

Algunos de ellos llegaron a la clase de la escuela dominical que enseño cada semana. Por primera vez, estaba en una comunidad cristiana de la vida real con cristianos gays. Recuerdo mi sorpresa al ver una gran colección de libros de Rick Warren en la casa de uno de estos hombres en una actividad social de la clase. "Entonces, los cristianos gays también leen a Rick Warren". Estos cristianos no eran liberales. Estos eran evangélicos en la zona conocida como el Cinturón Bíblico de EE.UU. Y también eran indudablemente gays y lesbianas. Noticia de última hora: Categorías revertidas. Yo era el que estaba aprendiendo.

Las amistades comenzaron a desarrollarse. En la comunidad cristiana, estaba viviendo la experiencia de lo que sucede cuando las personas comienzan a conocerse y amarse. Conversaciones durante el desayuno. Oraciones unos por otros. Apoyo mutuo. Necesidad mutua. Aprendizaje constante de la vida de los demás.

Mi corazón ha cambiado debido en parte a lo que creo que Dios ha estado haciendo entre nosotros en la Primera Iglesia Bautista de Decatur, en la que, al momento de la publicación de esta tercera edición, sirvo como pastor interino.

Continuando con la mirada retrospectiva, puedo ver que mis escritos de opinión después del 2008 comenzaron a reflejar algunas de estas experiencias y perspectivas cambiantes. Empecé a leer más sobre el tema. Cristianos gays y lesbianas, y aliados, y otros, comenzaron a buscarme para conversar.

Mitchell Gold, de las tiendas de muebles Gold and Williams, me buscó. Es judío y gay. Me contó sobre su próxima colección de historias de personas gays que habían crecido en hogares religiosos conservadores. Me dijo que su acuerdo específico con Dios era que Dios cambiaría la orientación sexual de Mitchell para cuando cumpliera 21 años o Mitchell se suicidaría ese día. Logró pasar el día y finalmente se comprometió a mejorar a muchos jóvenes como él. Luego, me desafió poniendo mi nombre en la conclusión de ese libro llamado Crisis, a que dejara de ser un espectador cuando se trataba del sufrimiento de las personas gays y lesbianas.[99] Me citó mi propio trabajo *Righteous Gentiles of the Holocaust* (que en español se traduciría como Gentiles justos del holocausto) en mi contra.[100]

Eso me dolió. Pero fue parte del proceso.

Estaba enseñando en un seminario que no es una escuela que esté volando la bandera gay, pero que tiene una pequeña cantidad de estudiantes LGBTQ entre su diversa circunscripción. Aprendí de ellos, tanto de sus fortalezas como de sus heridas. Me impresionó la brillantez y la confianza de nuestro propio Cody Sanders, quien pasó de Mercer a un doctorado en Brite Divinity School. Sufrí por un amigo estudiante gay cuando lo vi imponer sus manos sobre un candidato a la ordenación ministerial después de que le habían negado la ordenación, solo porque estaba en una relación gay pactada.

Un día, de la nada, escuché de Jane Clementi, la madre de Tyler Clementi, el estudiante de Rutgers que se tiró de un puente en Nueva York después de que su compañero de cuarto lo descubriera y lo grabara en un video. Su historia y la de su hijo me afectaron profundamente. Fundó la fundación Tyler Clementi Foundation[101] para ayudar a otras personas en su situación. Finalmente conocí a Jane en octubre del 2014.

Rick Bennett, miembro del personal de Cooperative Baptist Fellowship (mi denominación que en español se traduciría como la Asociación Cooperativa Bautista), me pidió que lo ayudara a organizar una conversación sobre estos temas para nuestra comunidad de iglesias en particular. Entré sin resolución interna con mis viejos puntos de vista, y sin tener ninguna posición acerca de ninguno de los nuevos. Después de un proceso de planificación muy cuidadoso, organizamos un evento en la Primera Iglesia Bautista First Baptist en Decatur, Georgia, en la primavera del 2012. Allí sucedió algo hermoso. En un contexto no represivo y de adoración, nos escuchamos los unos a los otros. Aprendí cuántos cristianos gays muy queridos, profundamente heridos por la iglesia, pero aun así comprometidos con Jesús, hay en realidad. Habían venido de todas partes del país para estar en este evento.

Juntos en adoración y conversación con estos hermanos y hermanas, se mentí espiritualmente renovado. Escuché atentamente la música y la historia de la cantante ex-cristiana Jennifer Knapp[102] rechazada por la mayoría de los cristianos cuando se declaró lesbiana, pero a quien invitamos a la conferencia. Me sentí profundamente afectado al encontrarme con hermanas y hermanos que amaban tanto a Jesús que no se daban por vencidos con las iglesias que continuamente los lastimaban. También conocí a algunos ex miembros de la iglesia, pero que no eran ex - cristianos, sino que observaban con cautela para ver si los tipos de cristianos heterosexuales podrían hacer que la iglesia fuera un lugar seguro para ellos algún día. Estas reuniones me hicieron pensar de maneras nuevas sobre lo que realmente significa ser Iglesia. Como dice Cody Sanders en su libro, "Todos los cristianos pueden aprender de las vidas de las personas LGBTQ", aprendí mucho en ese evento del 2012.[103]

Comenzó a parecerme cada vez más claro que era más probable que Jesús se encontrara entre estos cristianos gays y lesbianas amables y lastimados que entre sus adversarios.

Escribí el manuscrito de un libro en el 2013. Argumentaba a partir de las Escrituras que el amor de Dios por todas las personas en Jesucristo, nuestra igualdad humana en necesidad y gratitud por la salvación de Dios, y la igualdad fundamental de todos los pecadores perdonados en la comunidad cristiana, al menos requerían claridad sobre el amor de Dios y la acogida de los cristianos gays y lesbianas en la Iglesia. Entonces y allí, en una comunidad de amor juntos, podríamos luchar con los asuntos exegéticos, bíblicos y éticos que he abordado en capítulos anteriores.

Expuse los siguientes pasajes en ese libro: "porque tanto amó Dios al mundo" (Juan 3:16-17); "nadie es bueno sino solo Dios" (Marcos 10:17-18); "la parábola de algunos que confiando en sí mismos, se crían justos y que despreciaban a los demás" (Lucas 18:9-14); la justificación por la gracia mediante la fe para todos los que creen (Romanos 3:21-26); ni judío ni griego sino que todos son uno en Cristo (Gálatas 3:26-28); "ámense los unos a los otros con afecto mutuo" (Romanos 12:9-18); "¿Quién eres tú para juzgar a los siervos de otro?" (Romanos 14:1-4); "no tengas un concepto de ti mismo más alto de lo que debes" (Romanos 12:38); "nació ciego para que las obras de Dios se revelaran en él" (Juan 9:1-5) y varios de los textos ya discutidos aquí. Ese manuscrito no estaba listo para su publicación y fue abandonado; pero me ayudó a prepararme para el trabajo que he hecho en este. Ciertamente me mostró que era muy posible una manera diferente de conectar los puntos bíblicos.

Mis agentes me presionaron a ser más personal al escribir ese libro para lo que se llama una audiencia "comercial". En el tercer borrador, me di cuenta de que mi propia experiencia de haber sido intimidado cuando era un joven adolescente era profundamente importante en el nivel más profundo del corazón sobre este tema. Fui intimidado porque era emocionalmente sensible y los caníbales emocionales en el autobús escolar se dieron cuenta. Fui intimidado porque tenía una piel terrible y eso me convertía en una presa fácil. Muchos días lloré amargamente por mi sensación de inhabilidad indefensa a manos de mis acosadores. Me di cuenta de cuánto odiaba el bullying (acoso) en todas sus formas. Entonces conecté mi propio sufrimiento por una condición que no podía controlar con el sufrimiento de otros por condiciones que ellos no pueden controlar.

Me quedó claro que, por muy complejos que sean los problemas exegéticos y teológicos, humana y existencialmente necesitaba luchar con estas preguntas en *la comunidad de los acosados en lugar de la comunidad de los acosadores.* Mejor es un día en compañía de aquellos acosados por cristianos, pero amados por Jesús que miles en compañía de aquellos que esgrimen las escrituras para dañar a los débiles e indefensos. Ciertamente puedo respetar la posición tradicionalista. Pero no puedo respetar el cristianismo sin corazón y sin amor. Hay que decir un no claro.

Me di cuenta de que, aparte de unas pocas páginas en *La ética del reino* y *Getting Marriage Right* (que en español se traduciría como Como lograr un buen matrimonio), los temas principales de mi carrera como escritor y docente en realidad apuntaban a la misma conclusión. *Righteous Gentiles* (que en español se traduciría como Gentiles justos) se trataba de aquellos que se solidarizaron con los judíos bajo el acoso y asesinato de los nazis. *La ética del reino* enseñó sobre un reino de justicia, comunidad inclusiva, sanación, liberación y amor por el que Jesús vivió y murió. Cómo llevar bien el matrimonio hablaba de lo mucho que casi todo el mundo quiere y necesita no solo una pareja sexual temporal sino también una pareja de por vida pactada, que es lo que se supone que es el matrimonio cristiano. Mi trabajo sobre los evangélicos y la política, como está plasmado en *Future of Faith in American Politics* (que en español se traduciría como El futuro de la fe en la política estadounidense), abogaba por una agenda de justicia constructiva y no por una agenda de guerras culturales destructivas.[104] Y mi libro *Sacredness of Human Life* (que en español se traduciría como Lo sagrado de la vida humana) hablaba sobre el amor inconmensurable de Dios y la valoración de cada ser humano sin excepción.

Mi conexión bíblica de puntos cambió en la forma en que lo he esbozado lentamente en este libro. El paradigma bíblico más los encuentros transformadores con seres humanos reales llevaron a un nuevo paradigma bíblico, o al menos a la creencia de que un nuevo paradigma bíblico era viable, y sabía dónde se encontraba mi verdadera comunidad cristiana para explorar ese paradigma. Había algo misterioso e incluso hermoso en todo el proceso.

Lamento no haber resistido siempre con éxito la tentación de atacar a quienes no han dado conmigo este salto de paradigma. Reconozco que es un gran salto y que muchos simplemente no lograrán, al menos no en mi vida. Tales divergencias ocurren con todos los saltos de paradigma. Trato de no juzgar a los siervos de Cristo por aquello que creen que es a lo que Cristo los está llamando a hacer. Esperaría ser librado de su juicio de la misma manera. Sólo Dios es juez. También espero evitar el juicio más merecido de aquellos, especialmente las propias personas LGBTQ, que con razón están más que cansados de ser colocados bajo el microscopio teológico como lo he hecho en este libro. Me pareció necesario hacer esto al servicio de esa parte de la comunidad cristiana que podría ser ayudada por este tipo de reflexión. Pero no lo volveré a hacer... y probablemente dentro de 50 años la gente se maravillará de que libros como este fueran realmente necesarios.

El hecho que las personas seculares, sin obstáculos de siglos de interpretaciones cristianas destructivas de la Biblia, a menudo han alcanzado la plena aceptación de sus prójimos LGBTQ más fácilmente que los cristianos, nos dice algo.

En gran parte debido a lo que Dios me ha enseñado a través de Deborah, Mike, Tonya, Nick, Mark, Matthew, Sharon, Will, Mitchell, Tyler, Robin, Allison, Chelsea, Harry, Paula, Jennifer, Amy y Adam; a través de Katey y Karen, Eve y Cathy, Theron y David, Troy y Brad, Randall y Phillip, Cody y Ben, Jason y Josh, y tantos otros, mi rostro se vuelve hacia una nueva dirección. De ahora en adelante mi preocupación en relación con este tema será principalmente buscar la comunidad con aquellos que han sufrido el azote de innumerables rechazos cristianos. Estoy contigo. Lo que quede por resolver, quiero hacerlo junto a ti.

Termino disculpándome con aquellos que se han sentido heridos por mis enseñanzas y escritos anteriores sobre el tema LGBTQ. Cuando tenga la oportunidad de modificar mi trabajo escrito, lo haré. Te pido perdón. Me disculpo por haber tardado tanto en llegar aquí. Espero continuar el viaje juntos en su compañía, si me acepta. Mientras tanto, me uniré a usted para trabajar por la reforma en la iglesia cristiana y un lugar seguro para que usted, sus seres queridos y todos los demás sigan a Jesús.

Dr. David Gushee: Ending the Teaching of Contempt against the Church's Sexual Minorities. Acceso digital a la grabación del discurso en inglés: Ponerle fin a la enseñanza del desprecio en contra de la minoría sexual de la iglesia.

bit.ly/1GwkE2k

Ponerle fin a la enseñanza del desprecio

Este es el texto del discurso que di en la conferencia de The Reformation Project o Proyecto de (la) Reforma en Washington, D.C., la tarde del 8 de noviembre del 2014, después de la publicación de la primera edición de Cambiando nuestra mente. El análisis aquí desarrolla un punto señalado brevemente en un párrafo del capítulo 17. Se basa en gran medida en mi trabajo académico anterior y refleja las lecciones que ya estaba comenzando a aprender a través de la inquietante correspondencia escrita de las personas LGBTQ y aquellos que se resisten airadamente a su plena aceptación.

Quiero hablar esta noche acerca de un pequeño grupo minoritario que fue durante casi 2000 años objeto de un desprecio trágicamente destructivo y motivado religiosamente por parte de la Iglesia de Jesucristo.

La enseñanza de la Iglesia sobre este grupo se basó en una serie de textos bíblicos extraídos del canon de las Escrituras, tal como habían sido interpretados por líderes cristianos y reforzados por siglos de tradición cristiana. Este patrón destructivo de interpretación de estos textos se remonta cerca de los orígenes del cristianismo y, finalmente, fue ampliamente compartido por las ramas del cristianismo ortodoxo oriental, católico romano y protestante. Incluso se podría describir como un punto insólito de unificación para estos grupos en constante desacuerdo: podían estar de acuerdo en casi nada, pero estaban de acuerdo en esto. Fue difícil encontrar muchos disidentes de esta tradición, ya que se basaba en fuentes de conocimiento en el mismo centro del cristianismo: las escrituras, la tradición y los principales líderes de la iglesia, generación tras generación. *Todo el mundo sabía* que el grupo que era objeto de esta enseñanza negativa bien merecía el rechazo y el desdén de la iglesia, que este desdén era "bíblico" y que estaba atestiguado por las más altas autoridades de la Iglesia. De hecho, expresar rechazo y desdén por este grupo se convirtió en una parte central de la identidad cristiana, incluso de la piedad cristiana.

La enseñanza negativa de la Iglesia sobre este grupo fue integral. La Iglesia enseñó un desdén por este grupo como un todo y por todos los individuos en el grupo. La Iglesia enseñó que este grupo era moralmente inferior. La Iglesia a menudo enseñaba que este grupo era malvado y tenía una asociación particular con Satanás. La Iglesia enseñó que todos los miembros de este grupo estarían eternamente separados de Dios. La Iglesia enseñó que las prácticas de adoración de este grupo no valían nada. La Iglesia advirtió a sus seguidores en contra de asociarse con este grupo. La Iglesia atribuyó vicios particulares a este grupo, incluida la degeneración sexual y la violencia, ambos presuntamente dirigidos especialmente contra los niños. Incluso el término utilizado para nombrar a este grupo se convirtió en una calumnia, mientras que se desarrollaron otras calumnias aún más despectivas.

La Iglesia, a veces, estuvo dispuesta a dar la bienvenida a miembros individuales de este grupo a su comunidad, pero esta bienvenida fue ambigua. Los creyentes conversos de este grupo a menudo eran relegados a un estatus de segunda clase, si es que eran bienvenidos. A menudo surgían los antecedentes de su grupo, especialmente en relación con asuntos de liderazgo u ordenación ministerial. Esto reflejaba una mancha persistente asociada con este grupo que ni siquiera la conversión podía eliminar. A menudo, esta bienvenida a medias era revocada, y los miembros de este grupo eran excomulgados no solo de la Iglesia, sino también de las comunidades en las que vivían.

Si bien los líderes de la Iglesia casi nunca enseñaron explícitamente que sus miembros debían perpetrar violencia contra este grupo, el desafortunado grupo fue víctima de la violencia con regularidad. Debido a que estos brotes de violencia eran tan frecuentes, se acuñó un término especial para nombrarlos, término que perdura hasta el día de hoy. Mientras tanto, en la vida cotidiana, la intimidación era común. Los insultos eran constantes. La separación social se hizo cumplir rutinariamente. Predicar regularmente comunicaba desprecio por este grupo. Ningún cristiano quería ser visto como demasiado acogedor con este grupo, por temor a compartir su corrupción moral y perder el apoyo de su propia familia y amigos. Cuando este grupo fue atacado por el gobierno, se pudieron encontrar pocos cristianos que se solidarizaran con ellos.

Desde la perspectiva de los miembros de este grupo que era el blanco, el cristianismo estaba en todas partes y era peligroso. La Biblia, la Cruz, la tradición, el clero y los eruditos de la Iglesia no denotaban asociaciones positivas sino negativas, asociaciones de daño. Los miembros de este grupo que eran el blanco a veces conocían las hermosas enseñanzas del cristianismo. Habían escuchado los grandes dichos como "ama a tu prójimo como a ti mismo" y "haz a los demás como te gustaría que te hicieran a ti" y "cuanto lo hiciste con el más pequeño de estos, me lo hiciste a mí". Pero los miembros de este grupo, en gran medida "los más pequeños de estos" en la cristiandad, rara vez experimentaron alguna regla de oro, amor o misericordia de parte de los cristianos que escucharon y proclamaron estas hermosas palabras.

¿Ya sabes de quienes estoy hablando?

Eventualmente, la tradición centenaria de desprecio por este grupo, que yacía profundamente en la médula de la civilización occidental y sobrevivió la transición hacia la modernidad secular, se transformó en una erupción masiva de violencia patrocinada por el gobierno. Para cuando terminó, 1/3 de todos los miembros de este grupo en todo el mundo habían sido asesinados. Soy uno de los eruditos que lamentablemente han documentado que la mayoría de los cristianos se quedaron sin hacer nada para ayudar al grupo que era el blanco.

Tal vez ya se haya dado cuenta de que el grupo al que me refiero es el pueblo judío, víctimas de un conjunto de tradiciones no cristianas generalmente llamadas antijudaísmo cristiano, que se alimentó y se unió a un antisemitismo económico, cultural y político más amplio. Hablo de este cuerpo no cristiano de la tradición cristiana en muchos de mis escritos, incluso en mi primer libro, *Righteous Gentiles of the Holocaust* (en español se llamaría Gentiles justos del holocausto).

(Usaré la frase "no cristiano" 14 veces en este discurso. Cuando la escuches, piensa en: violación de la naturaleza, ministerio, y de la enseñanza de Jesucristo. O solo piensa en: dañino y sin amor, la opuesto de quien es y cómo es Cristo. Elegí la frase con mucho cuidado.)

Cualquiera que observara la ubicuidad del antisemitismo cristiano en, digamos, que, en los 1935, no podría haber imaginado que alguna vez cambiaría o mejoraría. Ciertamente, los judíos que habían estado documentando y protestando por esta tradición durante milenios tenían pocos motivos para tener esperanza.

Pero, sorprendentemente: En el marco de aproximadamente unos veinte años de esta agresión matadora de estado de violencia antisemítica durante la segunda guerra mundial la mayoría de las ramas de un mundo cristiano horrorizado comenzaron a cambiar sus enseñanzas sobre el judaísmo y el pueblo judío intencionalmente.

Fue una transformación profunda, que involucró tanto el repudio sutil como el notorio de las enseñanzas pasadas junto con el desarrollo de nuevas enseñanzas. Y es muy relevante para nuestra reunión de esta noche.

Durante el repudio cristiano de dos milenios de antijudaísmo y antisemitismo:

Los pasajes bíblicos que "todos" habían interpretado de cierta manera ahora se interpretaban de nuevas maneras, o se contextualizaban más seriamente, o se trataban como secundarios a textos y temas más importantes. Mencionaré tres textos fundamentales del Nuevo Testamento. Pero había muchos otros textos cuya lectura había contribuido al antijudaísmo cristiano.

Considere la línea en Mateo 27:25 donde la multitud que llora por la crucifixión de Jesús dice "que su sangre caiga sobre nosotros y sobre nuestros hijos". Ese texto solía interpretarse en el sentido de que cada persona judía en el mundo, en ese entonces o más tarde, era responsable de la muerte de Jesús. Todos los judíos eran vistos como "asesinos de Cristo", y esto se convirtió en un término despectivo común para los judíos. Los niños cristianos llamarían así a los niños judíos en el patio del recreo. Debido a los esfuerzos concertados de los líderes cristianos, eventualmente en diálogo con los líderes judíos, a partir de 1965, *casi ningún cristiano enseñó o creyó que los judíos como pueblo eran responsables de la muerte de Jesús.* Probablemente ninguno de ustedes haya escuchado alguna vez que se ridiculice a los judíos como asesinos de Cristo. Y eso es un cambio realmente bueno.

Juan 8:44 informa que Jesús dijo esto a "los judíos": "Ustedes son de su padre el diablo, cuyos deseos quieren cumplir. Desde el principio este ha sido un asesino, y no se mantiene en la verdad, porque no hay verdad en él. Cuando miente, expresa su propia naturaleza, porque es un mentiroso. !Es el padre de la mentira!". Durante siglos en la cristiandad, se interpretó que ese texto significaba que los judíos como pueblo eran hijos de Satanás y compartían los comportamientos característicos de su padre diabólico, como el asesinato y la mentira. Los niños cristianos practicantes en Europa solían revisar las cabezas de sus compañeritos de juegos judíos en busca de los cuernos que les habían dicho que se escondían debajo de sus cabellos. (Historia real). Debido a los esfuerzos concertados de los líderes cristianos, eventualmente en diálogo con los líderes judíos, a partir de 1965, *casi ningún cristiano enseñó o creyó que los judíos son hijos de Satanás.* Este pasaje ahora se enseña con mucho cuidado, y no se enseña como aplicable a "los judíos" como pueblo. Y eso es un cambio realmente bueno.

Hechos 7 cuenta la historia del primer mártir de la Iglesia, Esteban. ¿Alguna vez ha notado que justo antes de que las rocas comiencen a volar hacia su cabeza, les dice esto a sus interrogadores judíos? "¡Tercos, duros de corazón y torpes de oídos! Ustedes son iguales que sus antepasados: ¡Siempre resisten al Espíritu Santo!¿A cuál de los profetas no persiguieron sus antepasados? Ellos mataron a los que de antemano anunciaron la venida del Justo, y ahora a este lo han traicionado y asesinado ustedes, que recibieron la ley promulgada por medio de ángeles y no la han obedecido". Durante siglos en la cristiandad, ese texto se interpretó en el sentido de que toda la historia del pueblo judío ha sido una historia de rebelión contra Dios. A esto se le llamó el "rastro de atrocidades". Debido a los esfuerzos concertados de los líderes cristianos, eventualmente en diálogo con los líderes judíos, a partir de 1965, *casi ningún cristiano enseñó o creyó la enseñanza de los crímenes que casi todos habían creído un siglo antes.* Los líderes ahora enfatizaban la elección de Dios del pueblo judío, su pacto con Dios, la grandeza de la tradición religiosa judía y su significado continuo en el mundo de hoy. Y eso es un cambio realmente bueno.

Y no fueron solo los pasajes bíblicos los que tuvieron que ser reconsiderados.

Los historiadores comenzaron a investigar los escritos de los Padres de la Iglesia y otros grandes líderes de la Iglesia. Eventualmente, la "enseñanza de desprecio" fue la etiqueta correcta que tristemente se utilizó para describir los escritos antijudíos de líderes tan diversos como Tertuliano, Crisóstomo, Hipólito, Justino Mártir, Eusebio, Agustín y muchos otros. Los eruditos vieron que el problema se presentó durante la Edad Media y en el protestantismo a pesar de los grandes cambios provocados por la Reforma.

Martín Lutero, por ejemplo, dijo algunas de las cosas más odiosas que cualquier líder cristiano jamás haya dicho sobre los judíos, incluyendo que sus sinagogas deberían ser incendiadas, que sus libros religiosos deberían ser destruidos e incluso que "somos culpables al no exterminarlos". Pero mientras tanto, los líderes de la ortodoxia oriental y el catolicismo romano también llevaron adelante sus propias enseñanzas de desprecio. Los cristianos que reflexionaban durante el Holocausto sobre si debían rescatar a los judíos encontraron poco apoyo en su fe para hacerlo. Muchos respondieron a la angustia judía invocando lenguaje antijudío extraído de cómo la tradición cristiana y sus líderes habían interpretado la Biblia.

Después de la guerra, muchas iglesias eventualmente abandonaron o se arrepintieron explícitamente de este cuerpo de enseñanza tradicional posbíblica. Por ejemplo, las iglesias luteranas de Alemania y los EE. UU. repudiaron el escrito terriblemente dañino de Lutero de 1543 llamado *Sobre los judíos y sus mentiras.* Ahora bien, dondequiera que se imprima ese libro, va acompañado de una advertencia y una contextualización muy cuidadosa. La Iglesia Católica también se alejó bruscamente de sus enseñanzas anteriores.

Estos maravillosos cambios, que tardaron demasiado en llegar, sin duda han salvado vidas judías en todo el mundo. Ciertamente, la comprensión cristiana del judaísmo se ha transformado. El antisemitismo de ninguna manera está muerto, ni nada por el estilo; de hecho, en muchos lugares está aumentando de manera preocupante, a lo que todos los cristianos deben oponerse. *Pero el*

cuerpo no cristiano de la tradición de la enseñanza cristiana que una vez la fundó
ha sido rechazado en casi todas partes, y ciertamente en el mundo occidental. Hoy,
en mi seminario, la Escuela de Teología McAfee de la Universidad Mercer,
los rabinos judíos participan enseñando a mis alumnos sobre el judaísmo y la
tradición judía, y nadie lo piensa dos veces.

Y ahora, 50 años después, probablemente ninguno de ustedes haya
escuchado pasajes como Mateo 27, Juan 8 y Hechos 7 enseñados de la forma
en que se enseñaron durante casi 2000 años. Y probablemente la gran mayoría
de ustedes no sabía que había una enseñanza centenaria de desprecio por parte
de la Iglesia contra los judíos. No lo sabían porque la mayoría de ustedes son
maravillosamente jóvenes y nunca tuvieron que escucharlo. Nunca tuviste que
escucharlo porque este cuerpo no cristiano de tradición de enseñanza cristiana,
etiquetado correctamente como una enseñanza de desprecio, fue repudiado
hace 50 años. Y espero que nunca vuelvas a encontrarlo después de esta noche.

Ahora he estado hablando de la enseñanza de la Iglesia sobre el desprecio
contra los judíos en las últimas 2000 palabras. He estado discutiendo cómo la
Iglesia finalmente abandonó este cuerpo no cristiano de tradición de enseñanza
cristiana después de 2000 años.

¿Por qué rayos "me enfocaría en eso" en este lugar esta noche?

Estoy plenamente consciente de los límites de todas las analogías históricas.
Como participante en el diálogo judeocristiano desde hace mucho tiempo,
estoy especialmente consciente de las sensibilidades de esta particular analogía
histórica. Aquellos que estén tentados a criticar la comparación podrían estar
interesados en saber que la he verificado con amigos de alto rango en la comunidad judía estadounidense para no hablar mal, ofender o exagerar.

Así que permítanme proceder a exponer lo que creo que son las analogías
apropiadas que se pueden trazar.

Creo que la Iglesia ha infligido *un cuerpo de tradición cristiana* perjudicial y
sobre todo no cristiano, *que equivale a lo que puede describirse justamente como
una enseñanza de desprecio*, contra las minorías sexuales, hoy llamadas lesbianas, gays, bisexuales y transgénero. Esta enseñanza de desprecio se ha basado
en lo que en realidad es un número relativamente pequeño de textos bíblicos,
tal como han sido interpretados por líderes cristianos y reforzados por siglos
de tradición cristiana. Ha sido difícil encontrar muchos disidentes de esta
tradición, ya que se ha basado en fuentes de conocimiento en el mismo centro
del cristianismo: las Escrituras, la tradición y los líderes de la iglesia, generación tras generación. Lo que todos sabían es que las personas gays, lesbianas,
bisexuales y transgénero eran bien merecedoras del rechazo y el menosprecio
de la iglesia, no solo en sus deseos o prácticas sexuales, sino como personas.

Para algunos cristianos, incluso hoy, ser antigay se convirtió en parte del corazón de la identidad cristiana e incluso de la piedad.

La enseñanza antigay de la iglesia fue completa. La Iglesia enseñaba un menosprecio por las personas LGBTQ en su conjunto y por todos los individuos del grupo. La Iglesia enseñó que las personas LGBTQ son moralmente inferiores. La Iglesia a veces enseñaba que las personas LGBTQ son malas. Ciertamente enseñaba y, a veces, todavía enseña que las personas LGBTQ están, por definición, excluidas del cielo. La Iglesia advirtió a sus seguidores en contra de asociarse con personas LGBTQ. La Iglesia en varios momentos atribuyó vicios particulares a las personas LGBTQ, incluida la degeneración sexual, especialmente contra los niños.

En ocasiones, la Iglesia estuvo dispuesta a darle la bienvenida a personas LGBTQ individualmente a su confraternidad, pero esta bienvenida fue ambigua. Las personas LGBTQ a menudo fueron relegadas a un estatus de segunda clase, lo que surgió especialmente en relación con asuntos de liderazgo en la iglesia. Y a menudo se revocaba esta media bienvenida. (Un lector judío de esta conferencia me comentó que, en este sentido, en la mayoría de las épocas del cristianismo era más fácil para los judíos sentirse que eran totalmente bienvenidos en la Iglesia y sin ambigüedad que para los gays y lesbianas. Conversión significaba un judío se convertía en cristiano, pero la conversión no significa que una persona gay se convierta en una persona heterosexual. No es que la gente no lo haya intentado).

Si bien los líderes de la Iglesia casi nunca enseñaron explícitamente que sus miembros deberían perpetrar violencia contra las personas LGBTQ, estos fueron y, a veces, aún son víctimas de brotes de violencia. El acoso escolar era común. Los insultos eran constantes. La separación social se hacía cumplir rutinariamente. Predicar regularmente comunicaba desdén por las personas LGBTQ. Pocos cristianos querían ser vistos como demasiado acogedores con las personas LGBTQ, por temor a compartir su corrupción moral y perder el apoyo de su propia familia y amigos. Las mismas palabras utilizadas para describir a las personas LGBTQ funcionaron como insultos. Cuando las personas LGBTQ fueron excluidas o atacadas por el estado, se pudieron encontrar pocos cristianos que defendieran a las personas LGBTQ.

Desde la perspectiva de las personas LGBTQ, el cristianismo ha sido omnipresente y peligroso. La Biblia de la Iglesia, la Cruz, la tradición, el clero y los eruditos, han estado asociadas de forma negativa, asociaciones de daño. Las personas LGBTQ, millones de ellas criadas en la Iglesia y profundamente comprometidas con Jesús, han conocido las hermosas enseñanzas del cristianismo. Han escuchado los grandes dichos como "ama a tu prójimo como a ti mismo" y "haz a los demás como te gustaría que te hicieran a ti" y "en cuanto lo hiciste al más pequeño de estos, me lo hiciste a mí". Pero las personas LGBTQ, ciertamente los más pequeños de la cristiandad, rara vez experimentaron, si eran LGBTQ, alguna regla de oro, amor y misericordia, hacia ellos de parte de los cristianos que escucharon y proclamaron estas hermosas palabras.

Así que ahora he hecho mi analogía histórica. Pero inmediatamente reconozco nuevamente que las analogías tienen sus límites.

No estoy afirmando que las personas LGBTQ se hayan enfrentado un genocidio.

Pero es cierto que sigue siendo físicamente peligroso ser una persona LGBTQ en muchos lugares. Tengo estudiantes de otras partes del mundo que me hablan de la violencia rutinaria infligida contra las minorías sexuales en sus países de origen. Ya hemos oído hablar de tal violencia esta noche.

No ha habido genocidio, aunque ha habido persecución y asesinato, incluso a gran escala en la Alemania nazi.

Aun así, hablamos de un grupo de personas que aún hoy, incluso en nuestro país, a veces escuchan improperios, con citas de las escrituras, sugiriendo que todos deberían ser ejecutados por el gobierno. Una vez fui el siguiente invitado en un programa de radio cristiano donde un predicador acababa de decir eso.

La analogía se puede explicar de una manera interesantemente diferente.

Un niño judío que descubre el desprecio del mundo cristiano en general podría al menos volver a casa y encontrar apoyo allí. Pero un niño gay que descubre el desprecio del mundo cristiano en general, a menudo también se enfrenta a una devastadora falta de apoyo en el hogar. Diré más sobre eso en un momento.

Y aquí hay una forma más en que se puede explicar la analogía, pero esta vez de manera más constructiva:

La enseñanza no cristiana del desprecio por los judíos ha sido desacreditada. Ningún líder cristiano convencional que yo conozca la sigue enseñando, al menos no aquí en este país. La Biblia no cambió. Lo que se entendía que significaba la Biblia cambió mucho.

La enseñanza no cristiana de desprecio por las personas LGBTQ está, en mi opinión, *en proceso de desacreditación, de descomposición, incluso mientras hablamos.* Cada año elementos de la misma pierden terreno. Ahora estoy seguro de que el cristianismo hoy día está experimentando el mismo repudio de un cuerpo de tradición no cristiano, con respecto a las personas LGBTQ, como sucedió hace 50 años con respecto al antisemitismo.

Así que este es el punto de mi comparación: estoy comparando dos diferentes cuerpos no cristianos de tradición de enseñanza cristiana, uno de los cuales ha sido desacreditado y abandonado, el otro necesita serlo y está en proceso de ser desacreditado y abandonado. Debemos celebrar los avances que se están logrando en repudiar la enseñanza de desprecio contra esa 1/20 (veinteava) parte de la familia humana que es LGBTQ. Y debemos terminar el trabajo tan pronto como podamos.

Ha habido progreso. Pero, aun así, no todo está bien. La enseñanza y el comportamiento que daña a nuestras propias minorías sexuales no ha desaparecido, ni nada por el estilo. Las personas LGBTQ todavía no son tratadas como iguales, como parientes, en la familia de la fe. A menudo son rechazados por sus familias, iglesias, escuelas y amigos. Sus dones siguen siendo bloqueados. En solo dos semanas desde el momento que divulgué mi propio anuncio de solidaridad con los cristianos LGBTQ, he escuchado literalmente a decenas de jóvenes, padres y otras personas con sus desgarradoras historias de rechazo y daño. Hermanos y hermanas, esto no debe continuar.

Cada vez más, mi enfoque se mueve hacia el continuo sufrimiento de los jóvenes LGBTQ.

Su situación es importante.

Considere esto: El Centro para el Progreso Americano (o CAP por sus siglas en inglés) aquí en Washington hizo un informe de política clave sobre jóvenes LGBTQ sin hogar.[105]

Los "jóvenes sin hogar" son "jóvenes no acompañados entre las edades de 12 y 24 años para quienes no es posible vivir de manera segura con un pariente o en otro arreglo de vivienda alternativo seguro". Entre estos jóvenes sin hogar están aquellos que han dejado el hogar voluntariamente y sin el conocimiento de su familia—jóvenes "fugitivos"—y aquellos que han dejado el hogar en contra de su voluntad, a manos de sus representantes—jóvenes "desechables".

CAP cita estimaciones comúnmente reportadas de que hay entre 2.4 millones y 3.7 millones de jóvenes sin hogar entre las edades de 12 a 24 años.

Los jóvenes LGBTQ están muy sobrerrepresentados entre la población de jóvenes sin hogar. "Varios estudios estatales y locales de todos los Estados Unidos han encontrado tasas sorprendentemente desproporcionadas de personas sin hogar entre los jóvenes LGBTQ en comparación con los jóvenes no LGBTQ. Las estimaciones de jóvenes sin hogar... sugieren que entre el 9 y el 45 por ciento de estos jóvenes son LGBTQ.

Los parámetros del estudio difieren un poco en términos de edad, pero aquí está el porcentaje de jóvenes sin hogar en algunos lugares específicos que se identifican como LGBTQ, con todos los estudios realizados desde 2000:

La ciudad de Nueva York en EE.UU.: 33%
La ciudad de Seattle en EE.UU.: 39%
La ciudad de Los Ángeles en EE.UU.: 25%
El estado de Illinois en EE.UU.: 15%
La ciudad de Chicago en EE.UU.: 22%

No es difícil entender por qué los niños LGBTQ constituyen un porcentaje tan alto de jóvenes sin hogar. Las razones más comunes que citan los jóvenes LGBTQ sin hogar para estar fuera de sus hogares son el rechazo y el conflicto familiar. Y gran parte del rechazo familiar tiene motivos religiosos. Se basa en este mismo cuerpo de enseñanza cristiana no cristiano del que he estado hablando. Destruye vidas y fractura familias. En nombre de la fidelidad a las Escrituras, que es muy, muy trágica.

Caitlin Ryan, quien dirige el Proyecto de familias por la aceptación (o FAP por sus siglas en inglés)[106] en la Universidad Estatal de San Francisco o SFSU por sus siglas en inglés, describe un espiral o remolino trágico. Cada vez más niños y jóvenes se declaran LGBTQ a edades más tempranas. FAP descubrió que la edad promedio para salir del armario ahora es un poco más de 13 años. Y cada vez más en su trabajo de investigación y apoyo familiar, informa que los niños se identifican como gay a edades mucho más tempranas, entre los siete y los 12 años.

Debido a que son más pequeños, estos niños tienen menos habilidades para enfrentar problemas y menos opciones para encontrar apoyo fuera del hogar, por lo que su identidad y sentido de autoestima son aún más vulnerables de lo que serían si fueran mayores. Por lo tanto, cuando sus familias se enteran de que sus hijos son LGBTQ, si esas familias los rechazan, se convierte en un golpe aún más aplastante y debilitante para el sentido propio de que son personas buenas y valiosas. Esto afecta su capacidad para amarse y cuidarse a sí mismos, evitar conductas peligrosas y de alto riesgo, tener esperanza y planificar el futuro.

Los datos son claros: con demasiada frecuencia, cuando los jóvenes salen del armario o se descubre que son LGBTQ, se encuentran con el rechazo familiar, que puede incluir hasta respuestas violentas. FAP identificó e investigó docenas de respuestas de familias hacia sus hijos LGBTQ y las midió para mostrar la relación entre experimentar comportamientos específicos de aceptación familiar y rechazo familiar durante la adolescencia con su salud y bienestar como adultos jóvenes.

Cuanto mayor sea el nivel de rechazo familiar, mayor será la probabilidad de problemas negativos de salud, salud mental y comportamiento. Cuanto mayor sea el nivel de aceptación familiar, más protegidos estarán los jóvenes LGBTQ contra el riesgo y mayor será su sentido de autoestima, salud y bienestar en general.

Algunas de las conductas de rechazo familiar documentadas y estudiadas por FAP incluyen golpes/bofetadas/daño físico, acoso verbal e insultos, exclusión de actividades familiares, bloqueo del acceso a amistades, eventos y recursos LGBTQ, culpar a los hijos cuando experimentan abuso o discriminación, presionar a los hijos para que sean más masculinos o femeninas, amenazar con el castigo de Dios, obligar a los hijos a orar y asistir a servicios religiosos para cambiar su identidad LGBTQ, enviarles a terapia reparadora, declarar que son una avergüenza para la familia y no hablar sobre su identidad LGBTQ o hacer que la mantengan en secreto de sus familiares y otras personas.

FAP encontró una correlación directa entre las familias "muy rechazantes" y lo siguiente; Estos jóvenes rechazados por sus familias son:

- ocho veces más probable que hayan atentado suicidarse al menos una vez
- seis veces más propensos que reporten altos niveles de depresión
- tres veces más probable que consuman drogas ilegales
- tres veces más probable que corran alto riesgo de contraer VIH y ETS

FAP descubrió que incluso un poco menos de rechazo y un poco más de aceptación reduce sustancialmente la probabilidad de estos comportamientos dañinos. Por ejemplo: los jóvenes LGBTQ de familias que "rechazan moderadamente" tenían solo el doble de probabilidades de intentar suicidarse en comparación con otros jóvenes LGBTQ de familias que no rechazan.

Recibí este mensaje de texto de la directora del programa del Proyecto de familias por la aceptación. Ella dijo: "Escucho historias todos los días que son desgarradoras, niños durmiendo en bancos de nieve porque no hay refugios para jóvenes. El enero pasado tuve a cinco niños expulsados de hogares religiosos, literalmente sin ningún lugar a donde ir. Una niña durmió en la nieve frente a su escuela. Ella tenía 16 años."

Según los datos del informe CAP, los jóvenes LGBTQ que se escapan o son expulsados de sus hogares y que terminan en las calles como jóvenes sin hogar tienen más probabilidades de quedarse sin hogar durante períodos más largos que otros jóvenes que también son LGBTQ como ellos. El problema parece ser especialmente grave para los jóvenes transgénero.

No sale ninguna cosa buena de la falta de hogar, y eso es ciertamente cierto para los jóvenes LGBTQ sin hogar. El informe CAP documenta todo tipo de problemas:

- es mucho más probable que terminen en sistemas de ayuda social y bienestar infantil o cuidado institucional después de ser retirados de su hogar debido a un conflicto sobre asuntos relacionados con el tema LGBTQ;
- irse de casa por rechazo familiar es el mayor pronóstico de terminar en el sistema correccional juvenil para jóvenes LGBTQ;
- las asignaciones en hogares sustitutos de crianza temporal u otras viviendas con demasiada frecuencia terminan en más falta de vivienda debido a prejuicios contra LGBTQ o abuso y maltrato;
- una vez en el sistema correccional juvenil, los jóvenes y adultos jóvenes LGBTQ corren un mayor riesgo de ser etiquetados como delincuentes sexuales, incluso cuando no hayan sido condenados por delitos relacionados con el sexo;
- dificultad desproporcionada para los jóvenes LGBTQ para acceder a un refugio seguro mientras están sin hogar
- probabilidad desproporcionada de participar en "sexo de supervivencia" para cubrir los gastos, lo que aumenta la vulnerabilidad a la violación, la enfermedad y la violencia;
- índices desproporcionadamente altos de victimización por robo, asalto, violación y crímenes de odio en las calles;
- resultados de salud desproporcionadamente malos, incluido el abuso de drogas y alcohol;
- ideación e intentos suicidas desproporcionados.

Esto tiene que parar. Y la única forma, o al menos una de las mejores formas, de detenerlo es poner fin a la *Enseñanza cristiana no cristiana* sobre las personas LGBTQ, como ocurrió una vez en ese cuerpo de enseñanza cristiana no cristiana sobre los judíos. De hecho, necesitamos una reforma.

Sugiero que hay algunas lecciones que aprender de cómo terminó la enseñanza cristiana del desprecio contra los judíos, lecciones relevantes para terminar con esta enseñanza no cristiana del desprecio contra nuestras minorías sexuales, 1/20 de la población humana y cristiana.

Hay que resaltar el costo humano, que implica atender a los verdaderos seres humanos afectados. Conéctese con los corazones de las personas, no solo sus mentes, con los seres humanos reales que sufren bajo esta enseñanza. Ninguna conversación sobre "el tema LGBTQ" debería tener lugar sin escuchar la voz de las personas LGBTQ.

Debemos llamarle la atención a las personas cuando vuelven a caer en las viejas derogaciones y calumnias, especialmente a los líderes religiosos, lo que implica identificar cómo debería ser el presente estándar decente mínimo y luego proteger esa línea a medida que avanzamos para lograr más progreso. No debemos permitir que la gente retroceda sin ser confrontada.

Debemos abordar los textos bíblicos citados destructivamente de la manera en que lo han hecho los reformadores del antijudaísmo cristiano desde la década de 1960, lo que implica una nueva investigación sobre el trasfondo y el significado de los textos, una contextualización más amplia de las circunstancias en las que fueron escritos y un enfoque constructivo de reinterpretación en el Espíritu de Cristo. Muchos trabajos recientes importantes están haciendo esto.

Pero una lección importante que extraigo de la lucha relacionada con el antijudaísmo cristiano es que es mejor no obsesionarse demasiado con los seis o siete grandes pasajes que se citan con más frecuencia en la tradición de la enseñanza antigay. Porque cuando ocurrió el cambio en el antijudaísmo cristiano, no se trataba solo de alterar la lectura de esos textos, sino de cambiar la conversación a los temas y textos más centrales relacionados con seguir el camino de Jesús. Por lo tanto:

Debemos cambiar la conversación a lo que significa vivir de la manera que Jesús nos enseñó.

Me di cuenta de esto al estudiar a los cristianos rescatadores de judíos durante el Holocausto. Esta minoría justa de cristianos que rescataron judíos, justo en contra de las tradiciones cristianas antijudías no cristianas, citó textos motivadores como la Regla de Oro, el Mandamiento del Doble Amor, el Buen Samaritano y el dicho sobre ser los guardianes de nuestros hermanos. Destacaron temas bíblicos más amplios como el valor sagrado de cada persona y nuestra obligación como cristianos de ser compasivos, misericordiosos y justos. De alguna manera, Juan 8 o Hechos 7 o Mateo 27 simplemente se desvanecieron, o se leyeron de manera diferente, a la luz de estos imponentes textos bíblicos y convicciones morales. Ahora creo que cuando pasamos todo el tiempo discutiendo sobre textos como Levítico 18 y 1 Corintios 6 y Romanos 1, perdemos la oportunidad de llamar a los cristianos a los textos y temas que son y deberían ser más centrales en su vida cristiana cotidiana.

Entonces, cuando seamos desafiados,

Debemos aferrarnos al ejemplo de Jesús y la forma en que condujo su ministerio. Debemos pasar mucho tiempo en los Evangelios. Si lo hacemos, podríamos notar sus advertencias sobre la santurronería religiosa y el desprecio por otros considerados pecadores; su abrazo a los rechazados y marginados; sus ataques a esos tipos de líderes religiosos que bloquean el acceso a la gracia de Dios; su ejemplo de elevar a los que oran sencilla y humildemente por la misericordia de Dios; sus enseñanzas sobre la gracia prodigiosa de Dios; y quizás sobre todo su muerte en la cruz por los pecados de todos nosotros, comenzando por cada uno de nosotros como "el más grande de los pecadores". Debemos enfocarnos firmemente en Jesucristo, nuestro Salvador y Señor.

Debemos escuchar y estar preparados para el Espíritu de Dios, lo cual se ve como nuestros corazones de piedra derritiéndose, nuestras mentes calcificadas cambiando, nuestros espíritus arrepintiéndose; se parece a nuestras iglesias volviéndose más inclusivas, nuestra valentía profundizándose y nuestro amor por los extraños rechazados volviéndose feroz. Se parece como el llevar la cruz gozosos por el bien de Jesús. Se parece a la solidaridad con los oprimidos. Se parece a la alegría extrañamente abundante.

Este trabajo es difícil porque:

- *Está el tema en sí, con toda su complejidad, pero también está el problema de la autoridad en la Iglesia, y la dificultad de admitir que nos equivocamos.* Entonces, nunca se trata solo de unos pocos pasajes de la Biblia y cómo deben interpretarse. Se trata de la Autoridad con A mayúscula: de las Escrituras, la tradición y los líderes de la iglesia contemporánea, y quién puede decir quién lo hizo bien. También se trata de la falta de voluntad general de los cristianos para admitir que podrían haber hecho algo mal, ya sea individual o colectivamente. Esa idea es muy inquietante, y es difícil de enfrentar, y a aquellos que son responsables de las instituciones se les hace especialmente difícil admitir un error previo. Pero admitir un error previo se llama arrepentimiento, un concepto con el que deberíamos estar familiarizados. Y la Iglesia se ha arrepentido antes. Es realmente importante recordarle a la gente que la iglesia se ha equivocado antes en algunas cosas clave, se ha arrepentido y se ha recuperado para entrar en un camino más fiel de discipulado. Lo hicimos sobre la esclavitud, la raza y el antisemitismo. Podemos hacerlo ahora.

- *Abrir un paradigma establecido parece requerir encuentros transformadores con Dios y las personas, y ser empoderados por el Espíritu Santo.* Pero no todos tienen tales encuentros o están abiertos a ellos. Una de las razones por las que debemos salir del armario como personas LGBTQ o aliados es para que podamos hacer que estos encuentros transformadores estén disponibles para más personas que no los han tenido. Todos los que salen del armario hacen que sea más difícil para la América evangélica creer que este es un problema de otra persona. Mientras tanto, es difícil para los cristianos cambiar de opinión si nunca tienen un encuentro con una persona LGBTQ o un aliado fuertemente comprometido.

- *La gente ha entrelazado la narrativa LGBTQ con la narrativa más amplia del declive cultural,* con la que muchos cristianos están visceralmente conectados. Aquí, una vez más, las personas LGBTQ se convierten en símbolos. Entonces, poner fin a la marginación y el maltrato de los cristianos LGBTQ requiere ayudar a las personas a ver que no son agentes del declive cultural, sino hermanos y hermanas marginados en Cristo que solo quieren una inclusión total en la comunidad de fe.

En última instancia, los cristianos gays, lesbianas, bisexuales y transgénero deben ser aceptados y bienvenidos en la Iglesia sobre la misma base que cualquier otro pecador salvado por la gracia. Su participación en la comunidad cristiana debe regirse por los mismos principios que se aplican a cualquier otro creyente.

Para muchos en esta sala, tal afirmación es una verdad obvia. Pero como bien saben no es una verdad universalmente reconocida. Al final, el progreso incremental hacia una media aceptación parcial y condicional no es suficiente. Usted (nosotros) tiene razón al pedir y exigir la aceptación plena, inequívoca e igualitaria en la iglesia de Cristo en los mismos términos que cualquier otro pecador salvado por la gracia de Dios en Jesucristo.

Esto incluye el debate feroz sobre la ética sexual que se aplica a las personas LGBTQ.

Si la participación LGBTQ en la comunidad cristiana se rigiera por los mismos principios que se aplican a todos los demás creyentes, creyentes de todas las tribus, lenguas, razas y naciones, eso resolvería el debate sobre la ética sexual de una vez por todas.

¿Cuál es el estándar de ética sexual que se aplica a los seguidores de Cristo? *El celibato fuera del matrimonio pactado de por vida, la fidelidad monógama dentro del matrimonio pactado de por vida.* Esa norma, como argumento en mi libro, se aplica a todos los cristianos. Es exigente, contracultural y esencial para el bienestar de adultos y niños.

Ahora veo que esta misma norma del pacto marital debe aplicarse a esa minoría en particular, 1/20 de la población humana y cristiana, cuya diferencia con la mayoría se relaciona con la orientación sexual y la identidad de género. Ellos también deberían estar sujetos al mismo estándar que cualquier otro cristiano. El celibato fuera del matrimonio pactado de por vida, la fidelidad monógama dentro del matrimonio pactado de por vida.

Los opositores de esta reunión piensan que lo que ustedes quieren es un caos moral y el debilitamiento de la moralidad cristiana. Creo que lo que ustedes quieren es la inclusión de la minoría LGBTQ de la iglesia en la misma moralidad cristiana rigurosa que se aplica a cualquier otro creyente. Esa es sin duda mi agenda. Y realmente me disculpo por haberme tomado veinte años en descubrir esta verdad tan simple y unirme a ustedes.

Permítanme terminar diciendo que los aplaudo. Matthew Vines y amigos, ustedes me impresionan y me inspiran. Ustedes son un movimiento liderado por jóvenes en la Iglesia que exigen un futuro mejor para toda la Iglesia. Ustedes son un movimiento por la liberación de los oprimidos, como muchos de los movimientos por la dignidad humana más importantes de la historia. Ustedes son un movimiento de gran energía y una esperanza claramente evangélica basada en el poder de Dios para hacer avanzar el reino de Dios. Ustedes son un movimiento cuyo momento ha llegado.

De ahora en adelante me opondré a cualquier forma de discriminación contra ustedes. Buscaré *solidarizarme con ustedes que han sufrido el látigo de innumerables rechazos cristianos.* Seré su aliado en todos los sentidos que sé cómo serlo.

Veré lo que nos trajo aquí como una de esas situaciones trágicas en la historia de la Iglesia en la que los cristianos bien intencionados, solo tratando de seguir a Jesús, incluyéndome a mí, durante mucho tiempo malinterpretaron las Sagradas Escrituras y causaron un gran daño a las personas oprimidas, en lo que resultó ser una violación del carácter, la enseñanza y el ejemplo de Jesucristo. Ha sucedido antes, nos hemos arrepentido antes y hemos cambiado antes. Lo podemos hacer de nuevo. Creo que sucederá, antes de lo que muchos piensan. Este debate habrá terminado y muchos se preguntarán de qué se trataba todo el embrollo.

Juntos, un día, todos cenaremos juntos en la mesa del banquete del Hijo de Dios. Se nos preguntará si amamos y servimos a Jesús con todo lo que había en nosotros. Y luego juntos tendremos una gran fiesta. Esta sala es un anticipo del futuro de la iglesia. Y la iglesia es un anticipo de ese banquete del reino. ¿Recuerdas este texto (Ap. 21:3-4)?

> "!Aquí, entre los seres humanos, está la morada de Dios!Él
>   acampará en medio de ellos,
> y ellos serán su pueblo,
> Dios mismo estará con ellos y será su Dios.
> Él les enjugará toda lágrima de los ojos.
> Ya no habrá muerte
> Ni llanto, ni lamento ni dolor,
> porque las primeras cosas han dejado de existir."

Y todos seremos uno, por fin. Dios los bendiga, hermanos y hermanas.

Respuesta a los críticos

Para la Tercera y última edición (junio del 2017)

Es una obligación general de los académicos involucrar a sus críticos. Reconozco que en los dos años posteriores a la publicación de este libro rara vez me comprometí de manera sustancial con los numerosos críticos de mi libro. Esto fue una falla de mi parte, por lo que me disculpo.

Podría dar excusas. Podría referirme a mis inmensas limitaciones de tiempo en ese momento en el otoño del 2014 y las enormes pérdidas personales por las que estaba pasando. A medida que crecían las consecuencias negativas, supe que mis emociones estaban profundamente involucradas y podrían descarriar mis palabras. El doloroso reconocimiento de que este libro me estaba costando mucho, tanto en lo personal como profesionalmente, y la creciente sensación de que los temas planteados por el libro, y su recepción, iban mucho más allá de las meras objeciones exegéticas y, en cambio, implicaban mi propia identidad religiosa, también me tranquilizaban. Necesitaba algo de tiempo para procesar lo que estaba pasando.

De hecho, todo esto fue así, pero los académicos sinceros necesitan comprometerse con sus fieles críticos. Así que aquí va.

Este compromiso se ofrecerá en diez partes, comenzando brevemente con temas exegéticos, luego temas de hermenéutica bíblica, el papel de la historia y los paralelos históricos, asuntos de método teológico y ético, cuestiones de cultura, responsabilidad pastoral, la naturaleza de la autoridad en la Iglesia, el significado del cristianismo evangélico y finalmente mi sentido de obligación moral personal.

I. Temas exegéticos

La Biblia aborda (o parece abordar) la actividad sexual entre hombres del mismo sexo solo un pequeño número de veces (Gén. 19, Lev. 18:20, Rom 1, 1 Cor 6:9, 1 Tim. 1:10). Admito que cada vez que lo hace, lo hace negativamente.[107]

Sin embargo, no concedo que la historia de Sodoma y Gomorra de Génesis 19 se trate del juicio de Dios sobre el "comportamiento homosexual", ya que la historia es una historia de gran falta de hospitalidad hacia extraños angélicos, incluido el intento de violación en grupo. La identificación del pecado de Sodoma como "homosexualidad" es un aspecto de la tradición cristiana más que un "acontecimiento" de las Escrituras.

La Biblia probablemente se refiere a la actividad femenina del mismo sexo una vez (Rom. 1). Si eso es lo que Pablo está discutiendo en Romanos 1, lo discute negativamente.[108] Sin embargo, la complejidad de Romanos 1 y su contexto de fondo no permite un juicio definitivo de que esto es lo que Pablo quiere decir con "cambiar las relaciones sexuales naturales por las no naturales" (Rom 1:26), al menos en el caso de las mujeres. En el contexto de la comprensión cultural de la dominación masculina y la sumisión femenina, de la penetración y ser penetrado, podría referirse fácilmente a las mujeres que asumen un papel agresivo en el sexo heterosexual, o incluso a las mujeres que participan en el sexo sin penetración.

No concedo que los términos *malakoi y arsenokoitai* en 1 Cor 6:9 puedan interpretarse definitivamente en el sentido de los roles pasivos y activos en las relaciones sexuales entre hombres del mismo sexo.[109] La dificultad de darle sentido al significado de estos términos en el contexto de esta lista de vicios paulinos está claramente señalada por las traducciones cambiantes de estos términos en muchas generaciones de Biblias en inglés (Nota del traductor: al igual que en español).

Malakos es una palabra familiar y ampliamente utilizada que significa suavidad, afeminamiento, mujerilismo. En contextos modernos afectados por el igualitarismo de género, es en sí mismo ofensivo, lo cual es una de las razones por las que ninguna traducción moderna conserva simplemente el término "afeminado" como se encuentra en la versión King James (Nota del traductor: en español la versión equivalente a King James es la versión Reina Valera).

La palabra *arsenokoites* aparece solo dos veces en el Nuevo Testamento. Admito que es posible, tal vez es incluso posible, que Pablo la tomó de la traducción de Levítico 20:13 de la Septuaginta. Si es así, eso fortalecería el caso de que simplemente se refiere a hombres que tienen sexo con hombres.[110] Pero los exégetas serios son cautelosos acerca de sus afirmaciones sobre el significado de las palabras que aparecen con poca frecuencia en las escrituras canónicas, y el hecho que está situada en las listas de vicios tanto en 1 Corintios 6:9 como en 1 Timoteo 1:10 hace que la interpretación sea aún más difícil.

Reconozco que cuando se le pregunta a Jesús sobre la legitimidad moral del divorcio (Mt 19/Mc 10), cita fragmentos de Génesis 1 y 2, y al hacerlo dice "Dios los hizo varón y hembra".[111] Ya había concedido en el libro que la afirmación contra la permisibilidad moral de las relaciones entre personas del mismo sexo basadas en el diseño de Dios en la creación es tanto el argumento más poderoso como el más interesante contra la aceptación de tales relaciones.

Sin embargo, no concedo, a que ni Génesis 1-2 ni la cita de Jesús simplemente resuelva el actual debate ético sobre las relaciones entre personas del mismo sexo, porque hacer tal afirmación involucra presupuestos hermenéuticos y metodológicos que rechazo, como indiqué, ya en la primera edición.[112]

Además, nunca concedí y no concedo que el tema LGBTQ es en realidad "sobre" las relaciones entre personas del mismo sexo, o especialmente el matrimonio entre personas del mismo sexo, en lo absoluto. Se trata del estatus moral y el trato de los seres humanos que se identifican a sí mismos como personas LGBTQ. Me asombra continuamente la frecuencia con la que la gente reduce este "asunto", o mi tratamiento del mismo, a "matrimonio gay". Traté de dejar en claro desde el comienzo de *Cambiando nuestra mente* que consideraba que la cuestión de si a las personas gays se les debería permitir casarse era secundaria y periférica en relación con asuntos más fundamentales de dignidad e inclusión. La reducción del argumento de mi libro al "matrimonio gay" seguramente habla de las fijaciones de mis críticos más que de mi propio trabajo.

En resumen: reconozco que si lo que toda la Iglesia contemporánea tuviera a su disposición como recurso para su discernimiento moral relacionado con "el tema LGBTQ" fueran los pocos textos que parecen hablar de manera estrecha sobre la moralidad de las relaciones sexuales entre personas del mismo sexo, es muy poco probable que la Iglesia pudiera alguna vez llegar a un lugar de inclusión total de las personas LGBTQ en la vida de la iglesia en los mismos términos que las personas heterosexuales y cisgénero, incluyendo la aceptación de sus relaciones sexuales adultas pactadas.[113]

Por lo tanto, afirmo que, si en medio de la gama de juicios que uno podría hacer sobre la lectura o interpretación adecuada del puñado de textos más citados, uno elige, como lo hace Robert Gagnon, tomar la lectura o interpretación más negativa posible de cada texto, solo resolvería "el problema LGBTQ" *si se opera a partir de una hermenéutica en la que sólo esos seis o más textos ofrecen datos relevantes para la Iglesia en su consideración de este tema en el discernimiento moral hoy.*[114]

Por lo tanto, afirmo que si se toman las lecturas del archiconservador Robert Gagnon o del liberal Dale Martin de Romanos 1 o 1 Corintios 6:9 o 1 Timoteo 1:10 o incluso Mateo 19:1-12 no es determinante para lo que la Iglesia como un todo debería pensar y hacer hoy sobre la gama completa de temas asociados con las personas LGBTQ, sus vidas, relaciones y fe.[115]

Por lo tanto, me alejo de los asuntos estrictamente exegéticos asociadas con los "seis grandes pasajes", completamente convencido de que la fijación en el significado léxico de las palabras en estos pasajes en realidad desvía la atención de importantes consideraciones hermenéuticas, teológicas, éticas y eclesiales.

II. Temas hermenéuticos

Todos los textos bíblicos deben leerse en términos de sus contextos históricos, teológicos, literarios, sociales y de aplicación, algunos de los cuales solo pueden ser especulados o, en el mejor de los casos, provisionalmente reconstruidos. Los textos se violentan cuando un lector contemporáneo simplemente se acerca a un texto sin comprender su contexto, y sin conciencia de sí mismo de los marcos históricos, teológicos, literarios, sociales y de aplicación del texto, y el contexto muy diferente en el que habita el lector, impregna y aporta al texto.

Algunas de las preguntas que los eruditos "revisionistas" como yo hemos intentado plantear en relación con los "seis grandes pasajes" tienen que ver precisamente con preocupaciones contextuales. Reconociendo que soy un eticista cristiano con habilidades indiferentes en el idioma hebreo y griego, aun así, cualquiera tiene el derecho y la obligación de hacer preguntas como:

Por ejemplo, ¿Cuáles fueron los contextos en los que se escribió y editó la historia de Sodoma y Gomorra?[116] ¿Qué propósitos teológicos y aplicativos pretendía el/los autor/es-editor/es?

De manera similar, si aceptamos que el Código Levítico prohíbe la penetración entre hombres del mismo sexo, ¿por qué lo hace? ¿En qué contexto/s se da esta prohibición? ¿Cuáles eran sus fundamentos subyacentes? ¿Sabemos con certeza, evidencia directa ausente en los textos mismos, evidencia que no existe? ¿Qué interpretaciones del sexo, la procreación, el poder y la identidad judía informaron estos textos? ¿Podría tener algo que ver con la prevalencia de las violaciones sexuales en tiempo de guerra por parte de los enemigos? ¿Podría tener algo que ver con el hilo reconocidamente poderoso de la procreatividad en la comprensión judía de los propósitos del sexo dados por Dios? ¿Podría estar relacionado con la comprensión degradante de las mujeres frente a los hombres y, por lo tanto, la maldad de que un hombre se permita ser penetrado como una mujer?

En cuanto a Romanos 1, ¿puede alguien realmente decir que los eruditos han llegado a un consenso relacionado con lo que Pablo está tratando de lograr exactamente en los vv. 18-32?[117] ¿Es relevante que la carta se escriba a una comunidad que proviene en gran parte de las clases bajas, esclavos en esclavitud y esclavos liberados, que tan a menudo fueron sometidos a abusos y usos sexuales por parte del *paterfamilias* de la casa romana? ¿Podría tener algo que ver con el libertinaje de la corte imperial romana? ¿Una consideración seria del contexto social de los destinatarios no afectaría la forma en que interpretamos la carta?

Y para cualquier y todo el material del Nuevo Testamento que pueda cruzarse con asuntos de género y sexualidad, ¿no es relevante considerar aquí también la conexión del derecho a penetrar con el poder de dominar? ¿O el vasto tráfico de esclavos humanos y los usos y abusos sexuales que se hacen de estos esclavos tanto en tránsito como en los hogares? Si todos (o casi todos) los contextos en los que ocurre una práctica son explotadores, dominadores y abusivos, y si el comportamiento explotador, dominador y abusivo se descarta para el que sigue a Jesús, precisamente debido a la forma general de la ética cristiana, ¿no sería así? ¿Eso es relevante para la forma en que pensamos acerca de las relaciones entre personas del mismo sexo no explotadoras, no dominantes y no abusivas en la actualidad?

Y, en general, ¿acaso el entender tanto como sea posible acerca de las diferencias entre los mundos mental, social, relacional y cultural de los escritores antiguos y sus audiencias a diferencia de la nuestra no es un concepto importante en la interpretación bíblica, para que no hagamos saltos indebidos de interpretación basados en suposiciones erróneas?

Mucho de lo que argumenté acerca de la Biblia en *Cambiando nuestra mente* se ofreció aquí, a nivel hermenéutico. Fue un llamado a una contextualización cuidadosa, a la desconfianza adecuada cuando la información es incompleta o cuestionada, y a la conciencia de las sorprendentes diferencias entre los mundos bíblicos y el nuestro en asuntos tan básicos como la comprensión de los cuerpos, el sexo, la identidad y el poder.

Algunos de mis críticos no revelaron una conciencia de que tales asuntos son importantes en la interpretación bíblica.[118] Este es un problema común en los círculos protestantes tradicionalistas. Otros sí revelaron tener conciencia de que el contexto importa, pero ofrecieron lecturas del contexto que en la mayoría o en todos los casos disminuyeron las brechas entre los contextos bíblicos y el nuestro o simplemente los pasaron por alto.[119]

III. El tema de una clave hermenéutica

Permanecemos por ahora dentro del marco de una fe centrada en las Escrituras y fundamentada en las Escrituras, pero ascendemos en la escala. No se trata (todavía) de introducir otros factores o fuentes de conocimiento en la interpretación bíblica. Aun así, queda una pregunta por hacer: ¿por cuál principio o principios se debe interpretar la gran diversidad de materiales bíblicos?

No es que la Biblia misma carezca de reflexión sobre tales asuntos. De hecho, una lectura cuidadosa de las diversas secciones, hilos y géneros de las Escrituras revela momentos regulares en los que el núcleo se identifica en contraste con la periferia, o el centro se distingue de los márgenes, o los picos se separan de las tierras bajas.

Estoy dentro de una tradición bastante larga y respetable, pero no, no refutada, en la que Jesús mismo proporciona la clave hermenéutica para la interpretación de las Escrituras. Esto se articuló explícitamente en la declaración de Fe y Mensaje Bautista de la Convención Bautista del Sur del 1963, que luego se abandonó en la revisión del 2000 una vez que la denominación quedó bajo control fundamentalista/conservador.

Luego, trabajando con mi colega Glen Stassen, escribimos un libro de texto llamado *La ética del reino*. Ahora en su segunda edición, *La ética del reino* busca seguir la vida, la enseñanza y el ministerio de Jesús como su centro hermenéutico. Argumentamos que debemos tratar de hacer lo que hizo Jesús, lo que incluye tratar de leer las Escrituras como lo hizo él. Después de la examinación contenida en el libro, concluimos que Jesús ofreció un estilo profético de interpretación de su Biblia (la Biblia hebrea), dirigido hacia el reino de Dios que irrumpe, enfocado en la Torá como pacto divino de gracia centrado en el amor de Dios y el prójimo, enfocándose en el énfasis profético-moral como la misericordia y la justicia en lugar de los aspectos rituales o de culto y atender al corazón y las causas fundamentales del comportamiento en lugar de los límites legalistas.

Si bien podría haber dicho esto aún más claramente en *Cambiando nuestra mente*, toda mi interpretación de las Escrituras se rige por este centro hermenéutico en Jesucristo, no un Jesús impreciso, no solo un Jesús-que-murió-en-la-cruz-por-mis-pecados, sino un Jesús Hebraico-profético-reino-de-Dios-amor-misericordia-justicia-compasión. Parece difícil discutir que esto es lo que era. ¿No debería afectar la forma en que sus supuestos seguidores leen la Biblia y disciernen sus obligaciones morales?

Por lo tanto, simplemente es una violación de mi propia hermenéutica leer seis pasajes que podrían hablar negativamente sobre alguna versión de la actividad entre personas del mismo sexo en algún contexto histórico remoto aparte del marco moral más amplio proporcionado por este Jesús. Y este Jesús inevitablemente amplía el tema LGBTQ más allá de simplemente quién puede tener sexo con quién a cómo se debe tratar a las personas vulnerables, una pregunta clave tanto para los profetas como para Jesús.

En otras palabras, una de las formas en que esta hermenéutica vale la pena es que te ves obligado a hacer preguntas sobre la dignidad humana, el amor, la misericordia y la justicia en lugar de solo preguntar sobre la ética sexual. Y empiezas a pensar en las personas LGBTQ no solo como seres sexuales que pueden o no tener relaciones sexuales ilícitas, sino como seres humanos que a menudo son tratados muy, muy mal.

Lo más parecido que mis críticos llegan a hacer en cuanto a abordar la figura de Jesús es citar Mateo 19 o Marcos 10 sobre la creación.[120] Pero mi hermenéutica requiere que no importa cuál sea el tema, no importa qué textos se puedan citar de un lado u otro, la conversación general debe hacer uso de una clave hermenéutica provista por este Jesucristo hebraico-profético-constructor del reino. El hecho de que mis críticos tradicionalistas simplemente no puedan o no quieran abordar "el tema LGBTQ" en ese nivel revela algo importante sobre las diferencias entre mi enfoque y el de ellos. Su Biblia parece plana, carente de un centro interpretativo, o encontrando uno en otro lugar que no sea el Jesús que encontramos en los Evangelios. Mi Biblia alcanza su punto máximo con Jesús y lee todo a través de ese lente.

IV. El tema de los paralelos Bíblicos e históricos

Quizás solo cuando uno toma en serio la necesidad de una clave hermenéutica reguladora, como la que he propuesto, los ejemplos históricos de cristianos que no leen correctamente la Biblia comienzan a aparecer como paralelos relevantes. Otra forma de decirlo es que una Biblia plana, que carece de una clave hermenéutica profética del reino de Jesús, ha metido regularmente a la Iglesia en problemas.

Se pueden dar múltiples ejemplos. Algunos aparecen en *Cambiando nuestra mente*. Uno de los mejores es el tema de la esclavitud. La segunda edición de *Cambiando nuestra mente* presentó un nuevo capítulo que ofrecía una analogía histórica ampliada con el antisemitismo cristiano. Se podrían citar una gran cantidad de otros ejemplos.

Pero mis críticos tradicionalistas rutinariamente descartan la relevancia de tales paralelismos.[121] Cualquier paralelo que pudiera proponerse es rechazado de plano.

No hay más tribunal que el tribunal de la opinión pública (o de la historia) que pueda ofrecer un juicio definitivo sobre si un paralelo histórico es adecuado. Por lo tanto, la pertinencia y conveniencia de tales paralelismos nunca podrá decidirse definitivamente.

Aun así, si tomamos la esclavitud como nuestro ejemplo aquí, encontramos ciertas realidades:

1. La Biblia habla regularmente de la esclavitud, en múltiples géneros literarios, tanto en el AT como en el NT, incluidas múltiples referencias del mismo Jesús. Las referencias a la esclavitud están mucho mejor atestiguadas que las referencias a la actividad entre personas del mismo sexo en la Biblia.

2. Cuando la Biblia habla de la esclavitud, nunca condena la práctica, ya sea simplemente dándola por sentada o legislándola y regulándola explícitamente.

3. A los esclavos se les instruye explícitamente a obedecer a sus amos, incluso cuando son abusados.

4. Durante siglos, la tradición cristiana afirmó o al menos aceptó la esclavitud.

5. En los Estados Unidos, la esclavitud existió por más de 250 años y fue apoyada constantemente como una práctica "bíblica".

6. Los argumentos abolicionistas que apelaban a Jesús, a principios bíblicos más amplios, o al sufrimiento y la dignidad de los esclavos, a menudo se ridiculizaban por distraer, ser irrelevantes o no bíblicos.

7. La esclavitud solo terminó en América debido a una victoria del Norte en la Guerra Civil.

8. Después de ese logro, y solo entonces, la gente dejó de ofrecer defensas bíblicas aprendidas de la esclavitud, a menudo pasando a reemplazarlas con defensas bíblicas aprendidas de la segregación racial.

Es justo decir, con base en la evidencia bíblica e histórica, que una lectura del "testimonio bíblico sobre la esclavitud", por sí sola, no proporcionó suficientes recursos para apoyar la abolición.

Solo un movimiento desde el limitado significado léxico de los pasajes bíblicos relevantes a la esclavitud hacia una consideración más amplia del significado más profundo de Jesucristo y lo que significa seguirlo y hacer lo que él enseñó comenzó a penetrar las defensas ofrecidas por los argumentos a favor de de la esclavitud.

Estos movimientos fueron ayudados por testimonios que ilustraban el sufrimiento y la dignidad de los esclavos, que afloraban las emociones y a veces llevaron a reconsiderar el tema de la esclavitud. Estas narrativas fueron producidas en masa a propósito y puestas frente al pueblo estadounidense.

Aun así, el apoyo a favor de de la esclavitud por parte de millones de cristianos creyentes en la Biblia y temerosos de Dios, especialmente en el sur, permaneció inamovible.

Sostengo que hay importantes paralelismos con el tema LGBTQ:

1. La Biblia a veces habla de actos entre o con el mismo sexo.

2. Donde la Biblia menciona actos entre o con el mismo sexo, los condena severamente y a los que los practican.

3. Durante siglos, con base en las Escrituras, la tradición cristiana enseñó el desprecio por las personas que cometen actos sexuales con personas del mismo sexo y apoyó las medidas legales en su contra, y esto a menudo todavía se enseña de alguna forma.

4. Los argumentos a favor del trato digno y la plena aceptación de lo que ahora llamamos personas LGBTQ, apelando a Jesús, o principios bíblicos más amplios, o al sufrimiento y la dignidad de tales personas, fueron y aún son ridiculizados como una distracción, irrelevantes o no bíblicos.

5. El desprecio, la discriminación y el rechazo de las personas LGBTQ solo está (¿principalmente?) comenzando a terminar en Estados Unidos debido a los pasos legales tomados en nombre de esas personas, todo lo cual ha sido resistido constantemente por los cristianos fundamentalistas y evangélicos, aunque con el efecto residual de un suavizamiento gradual del tono en medio de una postura invariable de rechazo teológico.

6. Probablemente solo después de que esas protecciones legales sean herméticas, los cristianos dejarán de ofrecer defensas bíblicas aprendidas, rechazo y discriminación contra las personas LGBTQ.

Me gustaría que mis críticos me mostraran cómo falla este paralelo. Es indiscutiblemente exacto hasta el punto 5.

V. El tema del método teológico y ético cristiano

Es un principio en la teología y la ética cristianas contemporáneas que múltiples fuentes, y no solo la Biblia, son relevantes para la formulación de convicciones cristianas.

Míralo de esta manera. En cada época y en cada contexto, las personas y comunidades cristianas deben emprender nuevos esfuerzos para discernir el contenido de las convicciones cristianas y la naturaleza de la obligación moral cristiana. La Iglesia es una realidad viviente, tanto universal como local, tanto comunitaria como individual, y se involucra en un mundo cambiante y en evolución que constantemente presenta nuevos desafíos. A medida que la Iglesia busca discernir la naturaleza fiel del pensamiento y la vida, puede y debe recurrir a tantas fuentes de conocimiento relevantes como sean útiles.

Se reconoce casi universalmente en el cristianismo que las escrituras son centrales, seguidas por la tradición cristiana. Pero luego se vuelve más complicado. Algunos de nosotros, siguiendo el cuadrilátero wesleyano, creemos que la razón y la experiencia también son relevantes. Razón aquí puede significar varias cosas, pero incluyamos al menos la reflexión racional basada en la evidencia y la investigación, incluidos los hallazgos de las ciencias sociales y naturales. Experiencia también puede significar varias cosas, pero incluyamos al menos experiencias religiosas y personales. Y como dije en relación con las Escrituras, también diría aquí: así como las Escrituras deben leerse a través de los lentes de Jesucristo, también deberían leerse a través de otras fuentes de autoridad y conocimiento.

Los cristianos tradicionalistas a menudo son bastante reacios a reconocer la autoridad o incluso la utilidad de otras fuentes de autoridad además de (su lectura de) las Escrituras.[122] Su "biblicismo", como tan acertadamente ha dicho Christian Smith, no sólo es insostenible sino imposible.[123] Están comprometidos con una teoría sobre la Biblia que les obliga a afirmar todas las principales afirmaciones de conocimiento basadas en (su lectura de) los textos bíblicos.[124] No sólo no admitirán, sino que según su teoría, no pueden admitir la relevancia de otros factores no bíblicos como, por ejemplo, la experiencia humana o las afirmaciones de la Asociación Americana de Psicología. Una evidencia interesante del biblicismo fundamentalista y evangélico es el dominio absoluto de los estudios bíblicos como reina de las ciencias, y la tendencia a sentir menos necesidad de eruditos formados específicamente en, digamos, la ética cristiana. La Biblia lo resuelve todo, así que lo único que necesitamos son más y mejores eruditos bíblicos.

Estas tendencias contribuyen a una de las críticas más impresionantes que recibió mi libro. Esa fue la alegación de que mi credibilidad académica desmejorara por el hecho de que yo reconociera el impacto de las relaciones personales con personas LGBTQ y sus testimonios de sufrimiento en mi forma de pensar sobre este "tema".[125] Porque reconocí que me afectó la experiencia de mi hermana y la de otros, aunque los críticos tendían a pasar por alto a los demás, esto significaba que yo simplemente me había "parcializado" y había perdido mi objetividad. Por lo tanto, mis argumentos podrían ser descartados como que si no fueran bíblicos.

Pero ¿y si no solo es relevante sino imperativo tomar en serio la experiencia humana cuando estamos realizando un discernimiento moral relacionado con un tema moral difícil que afecta a los seres humanos? ¿Qué pasa si la experiencia humana es una fuente relevante, incluso si (como todas las demás fuentes) debe ser interrogada críticamente?

Uno puede mostrar fácilmente en la Escritura misma la forma en que Jesús se vio afectado por sus encuentros con otros seres humanos. Incluso Aquel que los cristianos creemos que es el Hijo de Dios fue conmovido repetidamente por el sufrimiento humano. También se mostró capaz de dejarse conmover por la dignidad y la persistencia de una mujer gentil en adoptar una postura diferente relacionada con su misión en relación con los gentiles (Mc 7, 25-30/ Mt 15, 21-28).

Traté de mostrar hacia el final de *Cambiando nuestra mente* que las experiencias con Dios a través de las personas también fueron fundamentales para la iglesia primitiva. Esto es precisamente lo que sucede cuando Pedro abandona sus escrúpulos relacionados con cenar con gentiles después de tener la experiencia profunda y llena del Espíritu con Cornelio, como se registra en Hechos 10. Pedro sabía absolutamente, por las Escrituras, cuáles eran las reglas en relación con los gentiles, hasta que Dios le mostró algo diferente a través de seres humanos reales.

Mi larga exposición "al tema LGBTQ" me lleva a dos conclusiones firmes: nadie cambia de opinión sobre este tema sin verse seriamente afectado por una relación con una persona LGBTQ, y este tipo de experiencia es una forma en que Dios llama nuestra atención y redirige nuestra comprensión. Por lo tanto, rechazo totalmente las críticas de que mi trabajo sobre este tema ha sido distorsionado por mis relaciones y experiencias.[126] En cambio, ha sido indispensablemente informado por ellos.

Este es solo un aspecto del método ético-teológico que permanece en disputa entre mis críticos y yo. También tomo muy en serio las afirmaciones de la gran mayoría de los médicos modernos, psicólogos, psiquiatras, trabajadores sociales, educadores, consejeros pastorales y otros relacionados con la experiencia LGBTQ. Por lo tanto, rechazo las afirmaciones de las personas que considero pseudocientíficos que impulsan viejas teorías desacreditadas relacionadas con la etiología y la mutabilidad de la atracción por personas del mismo sexo, y me pongo del lado de la gran mayoría de los expertos acreditados en la actualidad.

Sí entiendo que la experiencia humana es diversa y compleja y que es posible encontrar un ser humano en casi cualquier lugar que pueda darte el testimonio que tu cosmovisión requiere. Pero simplemente confío más en la ciencia "convencional" que en los puntos de vista atípicos. Obviamente, esto implica interrogantes mucho más amplias que la mera inclusión LGBTQ. Tiene que ver con la postura general de uno hacia las élites acreditadas. Ahora, sabemos con bastante claridad que los evangélicos blancos estadounidenses en su conjunto desconfían mucho más de estas élites que el resto del público estadounidense.[127] Este es un ejemplo de mi claridad creciente sobre una brecha irreparable entre yo y esa comunidad de la que vengo.

En cualquier caso, no acepto que "el tema LGBTQ" se pueda "resolver" simplemente con citas bíblicas. Tampoco se puede resolver con citas bíblicas sumándole citas de la tradición cristiana, lo que tan a menudo ha demostrado ser moralmente problemático, si no desastroso. El hecho de que la mayoría de los cristianos hayan sostenido una opinión durante milenios no resuelve un problema, porque la Iglesia a veces está bastante equivocada durante mucho tiempo.[128] Se requiere una metodología más amplia. Al menos, eso es lo que creo, y lo que me separa de algunos de los críticos a mi derecha.

Además, sostengo que el no considerar la experiencia humana en el discernimiento moral es simplemente imposible. La pregunta es si reconocemos cuando estamos aislando la experiencia y no la estamos considerando.

Un gran ejemplo, bastante relevante para el mundo evangélico, es el divorcio. Todos sabían, desde hace siglos, por el "sentido literal de las Escrituras", que el divorcio estaba prohibido para los cristianos, excepto quizás en casos de adulterio (Mt 19/Mc 10). Pero a partir de la década de 1960 y extendiéndose hasta la década de 1970, la tasa de divorcio se disparó en los Estados Unidos, y los cristianos evangélicos estaban allí con todos los demás. Un conjunto particularmente conmovedor de casos de divorcio involucró a personas, en particular y a menudo mujeres, que fueron abusadas por sus cónyuges. No hay provisión bíblica para el divorcio por abuso. Ninguna. No se sugiere tal concepto, y por el contrario se pueden encontrar pasajes que en el contexto aconsejan la sumisión continua de la esposa incluso bajo un trato cruel (considere 1 Pedro 3: 1-7). Muchas son las mujeres que han sido reintegradas, o devueltas voluntariamente, a sus maridos abusivos en base al "testimonio de las Escrituras".

Pero gradualmente incluso muchos fundamentalistas y evangélicos cambiaron su punto de vista sobre este tema. No solían escribir discursos eruditos explicando por qué el abuso era ahora motivo legítimo para el divorcio, pero comenzaron, al menos pastoralmente, a tratar el abuso como motivo de divorcio. La Biblia no había cambiado. Pero estos pastores habían aprendido de las duras experiencias de mujeres golpeadas y aterrorizadas (y niños, y algunos hombres). O tal vez no habían aprendido mucho de nada. Tal vez las mujeres enojadas y heridas simplemente exigieron una respuesta diferente.

Y por eso, le pregunto a mis críticos:

¿Es el abuso motivo de divorcio? Demuéstremelo solo a través de las escrituras.

Si no puede demostrarme que el abuso es motivo para el divorcio solo a través de las escrituras, ¿acaso usted envía a las personas abusadas a regresar a sus matrimonios?

Si no envía a las personas abusadas a regresar a sus matrimonios, ¿cuál es la base para esta postura?

¿Acaso el sufrimiento verificable y muy real de las personas abusadas es un factor que ha afectado su discernimiento moral sobre el tema del abuso/divorcio?

Si es así, ¿podría el sufrimiento verificable y muy real de las personas LGBTQ abusadas y rechazadas ser un factor que podría afectar su discernimiento moral sobre ese tema?

VI. El tema de la cultura

Una de las críticas comunes que le dan a *Cambiando nuestra mente* es que representó el rendirse a una cultura estadounidense secularizadora.[129] Que, si tan solo me "apoyara en las Escrituras" y no me "rindiera a la cultura", nunca cambiaría mi punto de vista sobre el tema LGBTQ.[130] Que tal vez por un deseo de avanzar en la cultura liberal, estaba indudablemente abandonando las escrituras y entregándome a la cultura. Para algunos, el hecho de que luego recibí todo tipo de atención positiva de los medios nacionales y fui elegido para un alto cargo en dos asociaciones académicas de tendencia liberal lo confirmó.[131]

A esta acusación respondo de la siguiente manera:

El proceso por el cual llegué a cambiar de opinión sobre "el tema LGBTQ", como dije en el libro, se vio afectado más directamente por los eventos en mi iglesia local, First Baptist Decatur (GA). No se trataba de la evolución de los desarrollos en la cultura estadounidense y precedió a la decisión de la Corte Suprema sobre el matrimonio gay. Juntos, como congregación, tuvimos que discernir si y/o cómo dar la bienvenida al creciente número de cristianos LGBTQ que venían hacia nosotros. Fue un proceso eclesial interno, no un proceso político externo, lo que me inclinó a escribir mi libro. Y muchas otras iglesias, en otras partes del mundo cristiano, ya habían emprendido el mismo camino. Es un hecho.

El método por el cual llegué a mis conclusiones revisadas relacionadas con la inclusión LGBTQ no fue tomar mis pistas de la cultura, sino que involucró el tipo de hermenéutica centrada en Jesús y el proceso de discernimiento de fuentes de autoridad de múltiples factores descrito anteriormente.

Critico que el evangelicalismo conservador y el fundamentalismo son en sí mismos (sub)culturas. Habiendo vivido en partes de esa subcultura durante la mayor parte de mi vida adulta, la conozco bien. Hablar de "cultura" monolíticamente como lo hacen mis críticos es cegarse a la existencia de múltiples culturas dentro de nuestro propio entorno estadounidense pluralista, incluida la cultura única de los evangélicos estadounidenses, sin mencionar otras culturas fuera de nuestra nación. Lo que realmente hice fue violar las costumbres de una (sub)cultura y, por lo tanto, me acusaron de doblegarme ante una construcción social cosificada llamada "cultura estadounidense liberal".

El enfoque en la inclusión LGBTQ como un tema de resistencia o rendirse a la cultura ha oscurecido tanto el propio proceso de discernimiento de la iglesia como el trágico sufrimiento de los cristianos LGBTQ (y otros). Mis peores críticos tradicionalistas han demostrado consistentemente que son incapaces o no están dispuestos a involucrar a los seres humanos reales en su dignidad y en su sufrimiento porque han interpretado el tema LGBTQ como un tema de guerra cultural parecida a la guerra conocida como la Última batalla o posición de Custer. Su creciente complejo de persecución es demasiado grande para que fijen su mirada en el Otro que sufre justo frente a ellos, incluso cuando ese otro es su propio hijo.[132] Esto se debe a que sus ojos se elevan a una abstracción llamada Cultura Liberal que deben vencer. Es muy triste.

Diré que la reacción posterior a mi libro y a algunas de mis piezas ocasionales relacionadas con temas de iglesia/estado y libertad religiosa me ayudan a comprender un poco la hostilidad de mis críticos. La pasión de su resistencia a mis conclusiones estaba ligada a su temor de ser (más) marginados por la mitad liberal de la cultura estadounidense, vista como fanática, odiosa e intolerante.[133] Especialmente en la era de Barack Obama, solo se intensificó cuando la elección de Hillary Clinton parecía ser algo seguro, los fundamentalistas y los evangélicos estaban profundamente preocupados de que sus convicciones consideradas relacionadas con los temas LGBTQ fueran tratadas por la ley como equivalentes al racismo. Temían acciones legales contra la amplia variedad de instituciones religiosas, educativas, y de servicios que han construido durante muchas décadas. Temían convertirse en... la Universidad Bob Jones, un relegado cultural obligado a integrarse bajo la presión federal. Por cierto, esta es una razón, por la que el 81% de los evangélicos blancos votaron por Donald Trump.

Mi trabajo sobre la inclusión LGBTQ se sintió, dentro de esta temible subcultura, como una traición a los enemigos culturales.[134] No fue útil que algunas de mis publicaciones ocasionales en el blog aparecieran (sin querer) tener algo que ver con ecuanimidad sobre la perspectiva de que los evangélicos tradicionalistas en temas LGBT algún día enfrentarían un momento Bob Jones, en el que el estado arrinconaría a los cristianos tradicionalistas para que abandonaran su ética sexual o abandonar la financiación o la acreditación del gobierno.

Permítanme aclarar aquí que no estoy diciendo que simplemente mantener creencias tradicionalistas sobre las relaciones sexuales LGBTQ sea intolerante y odioso.

Estoy diciendo que *algunas* articulaciones tradicionalistas de tales puntos de vista han sido intolerantes y odiosas, especialmente en el pasado, pero todavía en algunos círculos hoy.

También digo que abundante evidencia (citada ampliamente en el libro) revela claramente que cuando una persona criada en círculos religiosamente tradicionalistas (o en contextos culturales profundamente afectados por el tradicionalismo religioso) y se da cuenta que es LGBTQ se puede predecir que conduce a una angustia considerable y bien documentada, que se agrava en proporción a la dureza de la reacción negativa de la familia, la iglesia, la comunidad y los amigos.

Estoy diciendo que esta angustia es información relevante para todos los que están considerando lo que está bien y lo que está mal en relación con la vida y el trato de las personas LGBTQ. Eso ciertamente incluirá a cristianos e iglesias. Pero inevitablemente también incluirá a los legisladores. El desafío para mis interlocutores tradicionalistas es al menos este: reducir el daño.

VII. El tema de la preocupación pastoral y sus límites

Aprecié las raras expresiones de apoyo entre mis críticos por mi sensibilidad pastoral hacia las personas LGBTQ.[135] Hay una división esclarecedora que se puede ver las reseñas entre aquellos que expresan incluso una pizca de preocupación pastoral y humana por las personas LGBTQ reales y aquellos que no.[136] A estos últimos no podría importarle menos mi preocupación pastoral. Los demás lo apreciaron, pero dijeron que había ido demasiado lejos.[137]

Recientemente me presenté como orador en un entorno católico oficial que me ayudó a aclarar aún más la verdadera línea divisoria, al menos en algunas comunidades, entre la preocupación pastoral y la reforma doctrinal.

El catolicismo oficial, al menos en algunos lugares, está intentando avanzar para satisfacer mejor las necesidades pastorales de los católicos LGBTQ. Se puede hacer todo tipo de cosas para hacer que los hogares, las escuelas, las universidades y las parroquias católicas sean lugares más seguros y acogedores, y algunos líderes católicos están trabajando en esto junto con laicos preocupados.

Pero antes de esa aparición como orador, quedó claro que no debía tocar el tema del cambio doctrinal. Una cosa es hacer lo mejor para satisfacer las necesidades pastorales. Otra cosa es cambiar la teología moral católica sobre la sexualidad y el matrimonio. Para esta charla en particular, podría abordar lo primero, pero no lo segundo.

En retrospectiva, probablemente debería haber previsto que cuando *Cambiando nuestra mente* pasara de la primera sección que pedía un trato más humano a las personas LGBTQ hacia la parte de las revisiones exegéticas y doctrinales, a los críticos les iba a dar un infarto.[138] Aunque los protestantes fundamentalistas y evangélicos son no tan sistemáticos en sus categorías teológicas como lo son los católicos, no es difícil notar la diferencia entre la mera preocupación pastoral y el cambio doctrinal real.

Ciertamente es posible mejorar las condiciones de vida de los jóvenes LGBTQ, por ejemplo, ayudando a sus padres, hermanos y compañeros a no tratarlos con absoluto desprecio. Gran progreso. Pero, aun así, para la gran mayoría de las personas LGBTQ que he encontrado en el camino, si esto es todo lo que cambia, es como comer avena fría. Es mejor que morirse de hambre, pero le falta muchísimo.

Sin un cambio doctrinal, todavía les estamos diciendo a los niños y jóvenes LGBTQ que su sexualidad simplemente no es correcta, sino pecaminosa, quebrantada o desordenada de una manera que la sexualidad de los niños y jóvenes heterosexuales no lo es.[139] Todavía les estamos diciendo que nunca podrán tener una relación sexual o romántica adulta que pueda agradar a Dios o ser bendecida por la Iglesia.[140] Es muy probable que todavía les estemos diciendo que serán tratados como cristianos de segunda clase cuando se trata de servir y dirigir la Iglesia. Les estamos dando la "bienvenida", tal vez, pero no en igualdad de condiciones con otros contemporáneos a ellos, lo cual es una "bienvenida" que no muchos de nosotros aceptaríamos.

Al final, la preocupación pastoral sin un cambio doctrinal seguirá siendo insatisfactoria para la mayoría de las personas LGBTQ, tal como lo sería para nosotros si los heterosexuales recibiéramos un trato de segunda clase por alguna razón.

VIII. El tema de la autoridad y la autorización

La autoridad es un problema perenne en la religión. Después de todo, todos afirmamos servir y a veces hablar en nombre de un Dios invisible. Todos enfrentamos el desafío de discernir la verdad teológica y moral.

En las versiones jerárquicas de la religión, la cuestión de la autoridad encuentra una resolución más fácil que en las tradiciones más igualitarias. El Papa simplemente dice cuál es la verdad, y ahí la tienen. ¿Cierto? Bueno, no, como el mismo Papa Francisco ha descubierto las veces que ha querido dar una revisión de por lo menos la intención general de la teología moral católica.

Pero, aun así, hay líneas claras de autoridad en el catolicismo. No existen tales líneas de autoridad en el evangelicalismo. Todos afirmamos ser seguidores de Jesucristo y ser gobernados principalmente por la autoridad bíblica. Especialmente porque el "evangelicalismo" es un movimiento global creado por humanos de denominaciones muy diversas, simplemente no existe una estructura de autoridad para adjudicar disputas sobre doctrina o ética.

Una de las críticas implícitas y a veces explícitas de *Cambiando nuestra mente* era algo así: *¿Quién le dio a David Gushee la autoridad de cambiar la ética sexual cristiana*?[141] La respuesta, por supuesto, fue que nadie me dio tal autoridad; nadie en el evangelicalismo podría haberme dado tal autoridad. De hecho, no me di tal autoridad, simplemente hice lo que suelen hacer los eruditos y los pastores, que es examinar un tema y ofrecer una propuesta sobre cómo debería tratarse en la vida de la iglesia.

Fue muy intrigante ver la forma en que los evangélicos emprendedores se lanzaron a la pelea para tratar de refutar mis argumentos, al hacerlo tal vez promoviendo su propia autoridad dentro del evangelicalismo descentralizado.[142] Los "líderes" jóvenes y mayores sintieron la necesidad de opinar, como si estuvieran funcionando como una especie de sanedrín evangélico, dictando veredictos de si estaba dentro o principalmente fuera de base.

Mientras tanto, las instituciones evangélicas, donde tenían influencia, la usaron para excluirme o desinvitarme, como predijo Brian McLaren en su prólogo, escrito antes de que saliera el libro. No todo fue lo mismo que ser excomulgado formalmente por una Iglesia jerárquica, pero al final se logró con éxito el mismo propósito. Describo el proceso de esta excomunión evangélica en mis próximas memorias, *Still Christian: Following Jesus out of American Evangelicalism* (Westminster John Knox Press, Fall 2017) (dicho título en español sería: Sigo siendo cristiano: Siguiendo a Jesús en su salida del evangelicalismo estadounidense). Fue muy doloroso en ese momento y contribuyó al tono reaccionario de algunas de mis entrevistas y publicaciones posteriores.

Sin embargo, la pregunta sigue siendo: ¿quién autorizó, digamos, a *Christianity Today*, al Dr. Michael Brown, a Intervarsity Press, a George Guthrie, a Robert Gagnon, a Al Mohler o a una multitud de jóvenes evangélicos ambiciosos como Denny Burk u Owen Strachan, para juzgar en cuanto a mi capacidad continua para ser visto como un maestro respetado dentro del cristianismo evangélico estadounidense?[143] El problema de la autoridad dentro del evangelicalismo nunca desaparece realmente, ¿o sí?

IX. El tema del fundamentalismo y el evangelicalismo

Como bautista sureño convertido del catolicismo en 1978, no sabía nada acerca de una comunidad religiosa o grupo de comunidades que se llamaban "evangélicas". Aunque ahora la mayoría de los encuestadores considerarían a los bautistas del sur como "evangélicos", el término era desconocido en mi pequeña y acogedora iglesia bautista sureña. Me comprometí seriamente con el concepto por primera vez cuando comencé a trabajar con el evangélico progresista Ron Sider en el 1990. Era un menonita canadiense, un evangélico autoidentificado que se había hecho famoso por su gran éxito de 1975, *Rich Christians in an Age of Hunger* (que en español sería: Los cristianos ricos en una época de hambruna). Ron fue el primero en evangelizarme para que me uniera a los evangélicos que casi que portan tarjetas de membresía para hacerle saber a todo el mundo.

Pero lo que no entendía acerca de los evangélicos a partir del 1990 era mucho más grande de lo que sí entendía.

No entendía que la conciencia social progresista de Ron, en parte arraigada en su educación menonita, lo convirtió en un evangélico atípico. No sabía que el centro de poder en gran parte del "evangelicalismo con tarjeta de membresía" se puede encontrar en un tradicionalismo reformado embriagador, pero a menudo despiadado.

No sabía que la etiqueta "evangélico" surgió en los Estados Unidos como una elección consciente por parte de líderes fundamentalistas como Carl F.H. Henry, una elección que caritativamente se puede describir como una ruptura con el fundamentalismo y menos caritativamente como simplemente cambiarle el nombre.

Y, por lo tanto, no sabía que el evangelicalismo continúa cayendo constantemente del lado fundamentalista de cualquier controversia que involucre el tipo de cuestiones que crearon la división fundamentalista/modernista desde finales del siglo XIX y principios del XX, temas tales como la sutileza y la interpretación contextual de la Biblia, el uso de múltiples fuentes en el discernimiento moral, la voluntad de tomar en serio las ciencias humanas y la experiencia humana y una sensibilidad enfocada a las preocupaciones de aquellos que sufren bajo el poder (estadounidense blanco, heterosexual, masculino).

La respuesta feroz a mi libro—y el tipo de razonamiento ejemplificado por muchos de mis críticos principales—junto con otra evidencia me ha llevado a la conclusión de que el evangelicalismo es esencialmente un nombre inventado que apenas disfraza el fundamentalismo "bíblico" subyacente que es su verdadera naturaleza e identidad.

Como nunca he sido ni podría ser un fundamentalista, la respuesta a mi libro me ha ayudado a darme cuenta de que tampoco debo ser un "evangélico". Por esta razón, he abandonado esta autoidentificación. No me describe. Entonces, a aquellos críticos cuya afirmación principal es que no soy un verdadero evangélico, ahora concedo con su punto.[144] Es decir, reconozco que no encajo en sus estipulaciones inventadas sobre quién califica como miembro de su comunidad imaginaria.

X. El tema de la responsabilidad personal ante Dios

Antes y durante el tiempo que escribí *Cambiando nuestra mente*, sentí una misteriosa sensación de impulso espiritual para que abandonara el semisilencio cauteloso y pasara a la acción pública.

Estoy bastante seguro de que escuchar más y más testimonios del sufrimiento, la indignidad y la humillación de los cristianos LGBTQ en sus familias, escuelas e iglesias jugó un papel clave, comenzando con personas que me importaban mucho.

También ayudó que, desde el comienzo de mi carrera, cuando escribí sobre cristianos que rescataron a judíos durante el Holocausto, el paradigma de tres tipos de acción cuando las personas están siendo oprimidas siempre ha sido lo más importante para mí. Hay perpetradores, hay espectadores y hay rescatadores. (En la conversación LGBTQ, estos últimos se llaman aliados). Me di cuenta de que en mi enseñanza había sido un perpetrador cortés, ahora era un espectador inútil y necesitaba acercarme a ser un rescatador.

Ahora veo que fue ciertamente relevante que en la primavera del 2014 estaba impartiendo mi clase trienal sobre Dietrich Bonhoeffer. (Nota para los críticos: ni ahora ni nunca me comparo con Dietrich Bonhoeffer. En cambio, describo cómo me ha afectado mi interpretación de su vida y algunos de sus escritos).[145]

Algunos de los temas persistentes en el trabajo de Bonhoeffer me hablaron profundamente durante este tiempo. Su fuerte énfasis en que "la ética es decisión". Su afirmación de que la responsabilidad cristiana es siempre hacia Cristo mismo y no hacia ningún tipo de ley, código o cualquier otra cosa que se interponga entre nosotros y un encuentro directo con Cristo. Su crítica de la ética cuando se trata de especificaciones de nuestro "conocimiento del bien y del mal", que Bonhoeffer siempre conectó con la tentación de la serpiente en Génesis 3. Su crítica de aquellos en su contexto que evadieron sus obligaciones de defender a los abusados, denigrados y marginados. Su aún impactante participación en el complot para derrocar al régimen de Hitler. En última instancia, fue su sentido de que el discipulado es personal y que, al final, el individuo está solo ante Cristo como Juez.

Y así, inspirado, llevado por estas muchas corrientes de influencia, y algo enloquecido por los grandes dolores que estaba experimentando en ese momento (la pérdida de mi suegro, mi mentor y mi madre con seis meses de diferencia), tomé el paso. Decidí primero explorar el tema LGBTQ libremente y luego, finalmente, dar el paso a la solidaridad total con mis hermanos y hermanas LGBTQ cuando mis exploraciones me llevaron a eso.

Llegué a la conclusión de que es *nuestra responsabilidad* lo que nosotros, los que afirmamos regirnos por las escrituras, hagamos con las escrituras; lo que nosotros, que afirmamos ser el pueblo de Cristo, hacemos con el nombre y la autoridad de Cristo. Especialmente los líderes cristianos, aquellos en quienes se confía para hablar con autoridad en nombre de Jesucristo, no pueden evadir la responsabilidad por el tipo de cristianismo que ofrecemos. Si ofrecemos/ producimos/transmitimos un cristianismo que rutinariamente inflige daño a las personas, hacemos un mal activo en el nombre de Dios, y simplemente debemos reconsiderarlo.

Entonces, como líder académico cristiano reconocido, llegué a la conclusión de que, en lugar de pensar que no tenía otra opción que continuar haciendo daño a las personas LGBTQ sobre la base de la autoridad bíblica, no tenía más opción que ofrecer una versión del cristianismo que pudiera trae vida y florecimiento a estas hermanas y hermanos míos en Cristo.

Como creo, con Bonhoeffer, que nadie puede finalmente interponerse entre un discípulo y su Dios, y que solo responderé ante Dios por las elecciones que he hecho, termino mi respuesta a los críticos donde debe terminar: ante el trono de Dios, confiando en la misericordia de Dios, agradecido por la gracia abundante e inmerecida de Dios, tanto para mis críticos como para mí mismo.

Notas finales

1. El lenguaje es importante, y la terminología relacionada con este tema es cambiante y cuestionada. He optado por utilizar el término LGBTQ a lo largo de esta tercera edición para referirme a personas lesbianas, gays, bisexuales, transgénero y queer o que cuestionan y su relación con la Iglesia, como mi tema principal. A veces se emplea una lista más larga, como LGBTQIA, pero me pareció difícil de manejar.

2. pewrsr.ch/3NGY63e

3. bit.ly/1127NSE

4. amzn.to/1127Myf

5. bit.ly/3yKHOly

6. bit.ly/1127NSL

7. amzn.to/1127MOC

8. bit.ly/1127MOD

9. bit.ly/1127NSU

10. amzn.to/Zj2pcv

11. amzn.to/Zj2n4e

12. bit.ly/Zj2pcy

13. Jenell Williams Paris, *The End of Sexual Identity: Why Sex Is Too Important to Define Who We Are* (Downers Grove, IL: Intervarsity Press, 2011); Andrew Marin, *Love is an Orientation: Elevating the Conversation with the Gay Community* (Downers Grove, IL: Intervarsity Press, 2009); Matthew Vines, *God and the Gay Christian: The Biblical Case in Support of Same-Sex Relationships* (New York: Convergent Books, 2014); Wesley Hill, *Washed and Waiting: Reflections on Christian Faithfulness and Homosexuality* (Grand Rapids: Zondervan, 2010); Justin Lee, *Torn: Rescuing the Gospel from the Gays-vs.-Christians Debate* (New York: Jericho Books, 2012); Jeff Chu, *Does Jesus Really Love Me? A Gay Christian's Pilgrimage in Search of God in America* (New York: HarperCollins, 2013); James V. Brownson, *Bible, Gender, Sexuality: Reframing the Church's Debate on Same-Sex Relationships* (Grand Rapids: William B. Eerdmans Publishing Company, 2013); Ken Wilson, *A Letter to my Congregation: An evangelical pastor's path to embracing people who are gay, lesbian and transgender into the company of Jesus* (Canton, MI: Read the Spirit Books, 2014); Mark Achtemeier, *The Bible's Yes to Same-Sex Marriage: An Evangelical's Change of Heart* (Louisville: Westminster John Knox Press, 2014); Wendy VanderWal-Gritter, *Generous Spaciousness: Responding to Gay Christians in the Church* (Grand Rapids: Brazos, 2014).

14. Mitchell Gold with Mindy Drucker, *Crisis: 40 Stories Revealing the Personal, Social, and Religious Pain and Trauma of Growing Up Gay in America* (Austin, TX: Greenleaf Book

Group Press, 2008); Bernadette Barton, *Pray the Gay Away: The Extraordinary Lives of Bible Belt Gays* (New York/London: New York University Press, 2012).

15. cnn.it/1wJY7pE

16. bit.ly/3Aw22Ru

17. bit.ly/1wJY6BX

18. bit.ly/Zj2n4k

19. bit.ly/Zj2n4m

20. Wendy VanderWal-Gritter, *Generous Spaciousness: Responding to Gay Christians in the Church* (Grand Rapids: Brazos, 2014); Jeremy Marks, *Exchanging the Truth of God for a lie: One man's spiritual journey to find the truth about homosexuality and same-sex partnerships*, 2nd Edition (Glasgow: Bell & Bain, 2009).

21. David G. Myers, *Psychology*, 10th Edition (New York: Worth Publishers, 2013), pp. 427-434.

22. David G. Myers, Psychology, 10th Edition (New York: Worth Publishers, 2013), p. 428.

23. bit.ly/3nJM5PY

24. abcn.ws/1127MON

25. bit.ly/3nIs6RH

26. cnn.it/1127MOQ

27. nyti.ms/1127O9s

28. bit.ly/3P4xgDa

29. bit.ly/1DcHsPH

30. bit.ly/3yIEXIT

31. bit.ly/3RikMcT

32. Jenell Williams Paris, *The End of Sexual Identity: Why Sex Is Too Important to Define Who We Are* (Downers Grove, IL: Intervarsity Press, 2011).

33. bit.ly/3RikMcT

34. Wesley Hill, Washed and Waiting: Reflections on Christian Faithfulness and Homosexuality (Grand Rapids: Zondervan, 2010).

35. bit.ly/3IlQFNH

36. bit.ly/1127MOD

37. Vea Justin Lee, un gay cristiano del lado A y autor de *Torn: Rescuing the Gospel from the Gays-vs.-Christians Debate.* (New York: Jericho Books, 2012).

38. bit.ly/3RgoEeA

39. bit.ly/1127OpR

40. bit.ly/2r337d4

41. nbcnews.to/3NPguXJ

42. Ken Wilson, *A Letter to my Congregation: An evangelical pastor's path to embracing people who are gay, lesbian and transgender into the company of Jesus* (Canton, MI: Read the Spirit Books, 2014), pp. 104-110. Wendy Vander Wal-Gritter, *Generous Spaciousness: Responding to Gay Christians in the Church* (Grand Rapids: Brazos, 2014), ch. 11; Andrew Marin, *Love is an Orientation: Elevating the Conversation with the Gay Community* (Downers Grove, IL: Intervarsity Press, 2009). Tenga en cuenta que el marco del diálogo está cambiando rápidamente: de "cristianos" dialogando con "la comunidad gay" a una conversación cristiana interna entre hermanos gays y heterosexuales.

43. Chequeen a Ted Grimsrud and Mark Thiessen Nation, *Reasoning Together: A Conversation on Homosexuality* (Scottdale, PA: Herald Press, 2008). Refleja la paz menonita de los autores. Todos podríamos aprender de ellos.

44. bit.ly/1vYmwbX

45. Gerhard von Rad, *Genesis:* (Old Testament Library), revised edition (Philadelphia: Westminster Press, 1972), p. 218.

46. Phyllis Trible, *Texts of Terror: Literary-Feminist Readings of Biblical Narratives* (Philadelphia: Fortress Press 1984), ch. 3.

47. Walter Brueggemann, *Genesis: Interpretation: A Bible Commentary for Teaching and Preaching* (Atlanta: John Knox Press, 1982), pp. 162-177.

48. Mark D. Jordan, *The Invention of Sodomy in Christian Theology* (Chicago: University of Chicago Press, 1997).

49. William Loader, *The New Testament on Sexuality* (Grand Rapids: William B. Eerdmans Publishing Company, 2012), p. 29.

50. Gordon J. Wenham, *Leviticus: New International Commentary on the Old Testament* (Grand Rapids: William B. Eerdmans Publishing Company, 1979), pp. 250-252.

51. James V. Brownson, Bible, Gender, Sexuality: Reframing the Church's Debate on Same-Sex Relationships (Grand Rapids: William B. Eerdmans Publishing Company, 2013), p. 270.

52. Phyllis A. Bird, "The Bible in Christian Ethical Deliberation Concerning Homosexuality: Old Testament Contributions," in *Homosexuality, Science, and the "Plain Sense" of Scripture*, ed. David L. Balch (Grand Rapids, MI: William B. Eerdmans Publishing Company, 2000), p. 152.

53. Jacob Milgrom, *Leviticus: A Continental Commentary* (Minneapolis: Fortress Press, 2004), pp. 196-197.

54. Richard Elliott Friedman and Shawna Dolansky, *The Bible Now* (Oxford: Oxford University Press, 2011), p. 35. Brownson, *Bible, Gender, Sexuality*

55. Mary Douglas, *Purity and Danger: An Analysis of Concepts of Pollution and Taboo* (London: Routledge Classics, 2002), p. 67. Más recientemente, James Brownson esencialmente está

de acuerdo, mientras actualiza el análisis: James V. Brownson, *Bible, Gender, Sexuality: Reframing the Church's Debate on Same-Sex Relationships* (Grand Rapids: William B. Eerdmans Publishing Company, 2013), p. 269.

56. Robert Gagnon, *The Bible and Homosexual Practice: Texts and Hermeneutics* (Nashville: Abingdon Press, 2001), p. 141.

57. Martin Noth, *Leviticus: Old Testament Library* (Philadelphia: Westminster Press, 1965), p. 16.

58. Wenham, Leviticus, pp. 32-33.

59. William Loader, *The New Testament on Sexuality* (Grand Rapids: William B. Eerdmans Publishing Company, 2012), p. 327.

60. Dale Martin, *Sex and the Single Savior: Gender and Sexuality in Biblical Interpretation* (Louisville: Westminster John Knox, 2006), pp. 37-50.

61. Robert Gagnon, *Homosexuality and the Bible: Two Views* (Minneapolis: Fortress Press, 2009), pp. 82-83.

62. Loader, *New Testament on Sexuality*, pp. 328-329.

63. El erudito del Nuevo Testamento Richard Hays esencialmente toma esta posición, aunque usa el término "evidentemente" como calificador. Vea Richard B. Hays, *First Corinthians: Interpretation Bible Commentary* (Louisville: John Knox Press, 1997), p. 97.

64. Esta es esencialmente la posición adoptada por Anthony C. Thiselton, quien también ofrece una indispensable revisión exhaustiva del estado de la academia. Thiselton, *The First Epistle to the Corinthians: New International Greek Testament Commentary* (Grand Rapids, MI/Cambridge: William B. Eerdmans Publishing Company, 2000), pp. 438-453.

65. Marti Nissinen, *Homoeroticism in the Biblical World: A Historical Perspective* (Minneapolis: Fortress Press, 1998), p. 117.

66. Michael Vasey, *Strangers and Friends: A New Exploration of Homosexuality and the Bible* (London: Hodder & Stoughton, 1995), p. 132.

67. Dale B. Martin, *Sex and the Single Savior: Gender and Sexuality in Biblical Interpretation* (Louisville: Westminster John Knox, 2006), p. 39.

68. Loader, *New Testament on Sexuality*, pp. 330-331.

69. James V. Brownson, B*ible, Gender, Sexuality: Reframing the Church's Debate on Same-Sex Relationships* (Grand Rapids: William B. Eerdmans Publishing Company, 2013), p. 274.

70. Este es el argumento principal del erudito tradicionalista contemporáneo principal, Robert A.J. Gagnon. Vea su *The Bible and Homosexual Practice: Texts and Hermeneutics* (Nashville: Abingdon Press, 2001). Similarly, see William J. Webb, Slaves, Women & Homosexuals: Exploring the Hermeneutics of Cultural Analysis (Downers Grove, IL: Intervarsity Press, 2001), ch. 5.

71. Donald J. Wold, *Out of Order: Homosexuality in the Bible and the Ancient Near East* (Grand Rapids: Baker, 1998).

72. Vea el Eticista teológico Católico Christopher Chennault Roberts, *Creation and Covenant: The Significance of Sexual Difference in the Moral Theology of Marriage* (New York/London, T & T Clark, 2007). El concluye que la diferencia sexual importa mucho, lo que contribuye a su rechazo al revisionismo en el tema LGBTQ.

73. Vea a Glen H. Stassen and David P. Gushee, *Kingdom Ethics* (Downers Grove, IL: Intervarsity Press, 2003; second edition, Eerdmans, 2016), and David P. Gushee, *Getting Marriage Right* (Grand Rapids: Baker, 2004).

74. William Loader, The New Testament on Sexuality (Grand Rapids: William B. Eerdmans Publishing Company, 2012), p. 315.

75. Loader, *New Testament on Sexuality*, pp. 316-317.

76. Musonius Rufus, "On Sexual Matters," quoted in Matthew Vines, *God and the Gay Christian* (New York: Convergent, 2014), p. 38.

77. As claims James V. Brownson, *Bible, Gender, Sexuality: Reframing the Church's Debate on Same-Sex Relationships* (Grand Rapids: William B. Eerdmans Publishing Company, 2013), p. 261.

78. Sarah Ruden, *Paul Among the People: The Apostle Reinterpreted and Reimagined in His Own Time* (New York: Image Books, 2010), ch. 3.

79. Loader, *New Testament on Sexuality*, p. 300.

80. Brownson, *Bible, Gender, Sexuality*, pp. 156-157.

81. Estoy agradecido a Matthew Vines por desencadenar esta idea inicial con relación a Galileo. Vea su libro *God and the Gay Christian* (New York: Convergent Books, 2014), pp. 21-25.

82. Vea a Dietrich Bonhoeffer, *Ethics: Dietrich Bonhoeffer Works, Volume 6* (Minneapolis: Fortress Press, 2005, pp. 388-408; see also Clifford J. Green, "Editor's Introduction to the English Edition," pp. 17-22.

83. Después de escribir esta oración, vi un argumento similar en James V. Brownson, Bible, Gender, Sexuality: Reframing the Church's Debate on Same-Sex Relationships (Grand Rapids: William B. Eerdmans Publishing Company, 2013), p. 269.

84. Lisa Sowle Cahill, *Between the Sexes: Foundations for a Christian Ethics of Sexuality* (Philadelphia: Fortress Press Press/New York: Paulist Press), 1985, p. 148.

85. James V. Brownson, *Bible, Gender, Sexuality: Reframing the Church's Debate on Same-Sex Relationships* (Grand Rapids: William B. Eerdmans Publishing Company, 2013), p. 259.

86. Estoy rechazando aquí intencionalmente cualquier debilitamiento de una norma de ética sexual marital-pactal. Me parece que gran parte de la ética sexual cristiana contemporánea representa al menos un debilitamiento sutil de esa norma. Para un ejemplo destacado, véase Margaret Farley, *Just Love: A Framework for Christian Sexual Ethics* (New York/London: Continuum, 2006).

87. David P. Gushee and Glen H. Stassen, Kingdom Ethics: Following Jesus in Contemporary Context, 2nd edition (Grand Rapids: Eerdmans, 2016), p. 173.

88. Irving Greenberg, *For the Sake of Heaven and Earth: The New Encounter between Judaism and Christianity* (Philadelphia: Jewish Publication Society, 2004), p. 65.

89. Jack señaló nuestra triste historia cristiana de "uso indebido de la Biblia para justificar la opresión" hace mucho tiempo en su *Jesus, the Bible, and Homosexuality: Explode the Myths, Heal the Church* (Louisville: Westminster John Knox, 2006).

90. El trabajo actual sobre este tema que toca este tema más profundamente es Ken Wilson, *A Letter to my Congregation: An evangelical pastor's path to embracing people who are gay, lesbian, and transgender into the company of Jesus* (Canton, MI: Read the Spirit Books, 2014).

91. Yo cuento esta historia en David P. Gushee. *The Sacredness of Life: Why an Ancient Biblical Vision is Key to the World's Future* (Grand Rapids: William B. Eerdmans Publishing Company, 2013), ch. 6.

92. Rosemary Ruether, *Faith and Fratricide: The Theological Roots of Anti-Semitism,* (Minneapolis: Winston Press, 1974).

93. Los "complementarios bíblicos" modernos abandonaron la mayoría de los elementos más crudos del patriarcalismo cristiano histórico, retirándose a la posición alternativa de que los hombres deberían liderar a las mujeres en la vida de la iglesia, sin estar necesariamente de acuerdo con los límites exactos que esto impone a las mujeres. Vea a John Piper and Wayne Grudem, *Recovering Biblical Manhood and Womanhood: A Response to Evangelical Feminism* (Wheaton, IL: Crossway Books, 2012).

94. H. Richard Niebuhr, *The Responsible Self* (New York: Harper & Row, 1963), p. 60.

95. *Evangelical Social Ethics: Converting America and Its Christians, 1944-2014* (Library of Theological Ethics). With Isaac B. Sharp. Louisville: Westminster John Knox Press, 2015.

96. David P. Gushee, *Getting Marriage Right: Realistic Counsel for Saving and Strengthening Marriages* (Grand Rapids: Baker, 2004), ch. 1.

97. Most recently, Mark Achtemeier, *The Bible's Yes to Same-Sex Marriage: An Evangelical's Change of Heart* (Louisville: Westminster John Knox Press, 2014).

98. Achtemeier, *The Bible's Yes*, ch. 1.

99. Mitchell Gold with Mindy Drucker, *Crisis: 40 Stories Revealing the Personal, Social, and Religious Pain and Trauma of Growing Up Gay in America* (Austin, TX: Greenleaf Book Group Press, 2008), pp. 111-118, 315-318.

100. David P. Gushee, *The Righteous Gentiles of the Holocaust: A Christian Interpretation* (Minneapolis: Augsburg Fortress Press, 1994).

101. bit.ly/3P5ddEw

102. bit.ly/1127OGg

103. Cody J. Sanders, *Queer Lessons for the Straight & Narrow: What All Christians Can Learn from LGBTQ Lives* (Macon, GA: Faithlab, 2013).

104. David P. Gushee, *The Future of Faith in American Politics: The Public Witness of the Evangelical Center.* (Waco, TX: Baylor University Press, 2008).

105. ampr.gs/3ORgeZA

106. bit.ly/1127OpR

107. George H. Guthrie, "Review of *Changing Our Mind*," Reviews, Bible & Theology, *The Gospel Coalition*, January 9, 2015, bit.ly/2r4JQHq.

108. Guthrie, "Review." Gerald McDermott. "David Gushee's embrace of gay marriage," The Northampton Seminar Blog, *Patheos*. October 31, 2014, bit.ly/2r6EhsW.

109. Robert A. J. Gagnon, CP Opinion, *The Christian Post*, October 29, 2014. bit.ly/2q7N13K; Preston Sprinkle, "David Gushee's Recent Shift on Homosexuality." Theology in the Raw Blog. *Patheos*. October 28, 2014. bit.ly/2r6IPQ7.

110. Sprinkle, "Recent Shift."

111. Guthrie, "Review."

112. Ibid.

113. Guthrie, "Review"; McDermott, "Embrace of gay marriage."

114. Gagnon, "Gushee's Gay-Switch."

115. Ibid.

116. Ibid.

117. Guthrie, "Review."

118. Matthew J. Franck, "David Gushee's Brave New Biblical Sexual Ethics," Canon & Culture: Christianity and the Public Square, November 10, 2014, bit.ly/2pCLMpJ.

119. Guthrie, "Review."

120. Guthrie, "Review."

121. Guthrie, "Review"; Carl R. Trueman, "History: A Runaway Jury?" *First Things*. October 30, 2014. bit.ly/2q82qRn.

122. Denny Burk. "Gushee will allow no one to challenge him." *DennyBurk.com*. November 4, 2014. bit.ly/2q6ufdh; White, James. "Today on the Dividing Line: NJ/NY Report, David Gushee, Austin Fischer." The Dividing Line. Alpha & Omega Ministries. November 11, 2014. bit.ly/2pCOU4Q.

123. Christian Smith, *The Bible Made Impossible* (Grand Rapids: Brazos, 2012). Me encuentro siguiendo muy de cerca las conclusiones de Smith sobre los problemas con el biblicismo. Más hace poco, descubrí igualmente al brillante Peter Enns, y también estoy muy de acuerdo con él. Estos posevangélicos son mis compadres; eso ahora está claro para mí, y tal vez pueda ayudar a los lectores a entender de dónde vengo. Vea Enns, *The Bible Tells Me So* (New York: HarperOne, 2014).

124. Franck, "Brave New Biblical Sexual Ethics"; Gagnon, "Gushee's Gay-Switch"; White, "The Dividing Line."

125. Burk, "No one to challenge"; Gagnon, "Gushee's Gay-Switch"; Guthrie, "Review"; McDermott, "Embrace of gay marriage"; White, "The Dividing Line."

126. Ibid.

127. White, "The Dividing Line."

128. Guthrie, "Review."

129. Franck, "Brave New Biblical Sexual Ethics"; Jeff Gissing, "Gushee Endorses LGBT Agenda," Juicy Ecumenism, October 28, 2014, bit.ly/2r6Ggh7; Guthrie, "Review."

130. Ibid.

131. White, "The Dividing Line."

132. White, "The Dividing Line."

133. Ibid.

134. Burk, "Gushee's change of heart."

135. Gagnon, "Gushee's Gay-Switch"; Guthrie, "Review." Preston Sprinkle, "More Thoughts on David Gushee and Homosexuality," Theology in the Raw Blog, *Patheos*, October 29, 2014, bit.ly/2r2UDD7.

136. Gagnon, "Gushee's Gay-Switch"; Guthrie, "Review"; Gissing, "Endorses LGBT Agenda."

137. Ibid.

138. Gagnon, "Gushee's Gay-Switch." Denny Burk, "What David Gushee's change of heart really means," *DennyBurk.com*, October 24, 2014, bit.ly/2q83epF.

139. Franck, "Brave New Biblical Sexual Ethics"; Gissing, "Endorses LGBT Agenda".

140. Ibid.

141. Burk, "Gushee's change of heart"; Gagnon, "Gushee's Gay-Switch"; Guthrie, "Review"; White, "The Dividing Line".

142. Gagnon, "Gushee's Gay-Switch"; White, "The Dividing Line".

143. Burk, "Gushee's change of heart"; Fred Clark, "This is a big deal: David Gushee's 'Changing Our Mind,'" Slacktivist Blog, *Patheos*, October 27, 2014. bit.ly/2q9mHok; Jonathan Merritt, "Leading Evangelical Ethicist David Gushee Is Now Pro-LGBT. Here's Why It Matters," Opinion: Jonathan Merritt on Faith & Culture, *Religion News Service*, October 24, 2014, bit.ly/2ppeOOs.

144. Burk, "Gushee's change of heart."

145. Franck, "Brave New Biblical Sexual Ethics." Sobre Bonhoeffer, lo que más me afecta es su última obra Ética. Edición de obra de Dietrich Bonhoeffer, vol. 6 (Minneapolis: Fortress Press, 2005). La mejor biografía de Bonhoeffer es esta: Ferdinand Schlingensiepen, *Dietrich Bonhoeffer* 1906-1945 (T and T Clark, 2012). Es fácil enviar un texto de prueba a Bonhoeffer. No lo estoy haciendo aquí. Sin embargo, vea Schlingensiepen, pp. 33, 50, 89, 90, and Bonhoeffer, *Ethics*, p. 94.

Referencias bibliográficas

Achtemeier, Mark. *The Bible's Yes to Same-Sex Marriage: An Evangelical's Change of Heart.* Louisville: Westminster John Knox Press, 2014.

Barton, Bernadette. *Pray the Gay Away: The Extraordinary Lives of Bible Belt Gays.* New York/London: New York University Press, 2012.

Bird, Phyllis A. "The Bible in Christian Ethical Deliberation Concerning Homosexuality: Old Testament Contributions," in *Homosexuality, Science, and the "Plain Sense" of Scripture,* ed. David L. Balch. Grand Rapids, MI: William B. Eerdmans Publishing Company, 2000.

Bonhoeffer, Dietrich. *Ethics: Dietrich Bonhoeffer Works, Volume 6.* Minneapolis: Fortress Press, 2005.

Brownson, James V. *Bible, Gender, Sexuality: Reframing the Church's Debate on Same-Sex Relationships.* Grand Rapids: William B. Eerdmans Publishing Company, 2013.

Brueggemann, Walter. *Genesis: Interpretation: Bible Commentary for Teaching and Preaching.* Atlanta: John Knox Press, 1982.

Cahill, Lisa Sowle. *Between the Sexes: Foundations for a Christian Ethics of Sexuality.* Philadelphia: Fortress Press Press/New York: Paulist Press, 1985.

Chu, Jeff. *Does Jesus Really Love Me? A Gay Christian's Pilgrimage in Search of God in America.* New York: HarperCollins, 2013.

Douglas, Mary. *Purity and Danger: An Analysis of Concepts of Pollution and Taboo.* London: Routledge Classics, 2002.

Farley, Margaret. *Just Love: A Framework for Christian Sexual Ethics.* New York/London: Continuum, 2006.

Friedman, Richard Elliott and Shawna Dolansky. *The Bible Now.* Oxford: Oxford University Press, 2011.

Gagnon, Robert A.J. *The Bible and Homosexual Practice: Texts and Hermeneutics.* Nashville: Abingdon Press, 2001.

Gold, Mitchell with Mindy Drucker. *Crisis: 40 Stories Revealing the Personal, Social, and Religious Pain and Trauma of Growing Up Gay in America.* Austin, TX: Greenleaf Book Group Press, 2008.

Greenberg, Irving. *For the Sake of Heaven and Earth: The New Encounter Between Judaism and Christianity.* Philadelphia: Jewish Publication Society, 2004.

Grimsrud, Ted and Mark Thiessen Nation, *Reasoning Together: A Conversation on Homosexuality.* Scottdale, PA: Herald Press, 2008.

Gushee, David P. *The Future of Faith in American Politics: The Public Witness of the Evangelical Center.* Waco, TX: Baylor, 2008.

Gushee, David P. *Getting Marriage Right: Realistic Counsel for Saving and Strengthening Marriages.* Grand Rapids: Baker, 2004.

Gushee, David P. *The Righteous Gentiles of the Holocaust: A Christian Interpretation.* Minneapolis: Augsburg Fortress Press, 1994

Gushee, David P. *The Sacredness of Life: Why an Ancient Biblical Vision is Key to the World's Future.* Grand Rapids, MI: William B. Eerdmans Publishing Company, 2013.

Gushee, David P., and Isaac B. Sharp, editors. *Evangelical Social Ethics: Converting America and Its Christians, 1944-2014* (Library of Theological Ethics). Louisville: Westminster John Knox Press, forthcoming 2015.

Hays, Richard B. *First Corinthians: Interpretation Bible Commentary.* Louisville: John Knox Press, 1997.

Hill, Wesley. *Washed and Waiting: Reflections on Christian Faithfulness and Homosexuality.* Grand Rapids: Zondervan, 2010.

Jordan, Mark D. *The Invention of Sodomy in Christian Theology.* Chicago: University of Chicago Press, 1997.

Lee, Justin. *Torn: Rescuing the Gospel from the Gays-vs.-Christians Debate.* New York: Jericho Books, 2012.

Loader, William. *The New Testament on Sexuality.* Grand Rapids: William B. Eerdmans Publishing Company, 2012.

Marin, Andrew. *Love is an Orientation: Elevating the Conversation with the Gay Community.* Downers Grove, IL: Intervarsity Press, 2009.

Marks, Jeremy. *Exchanging the Truth of God for a Lie: One Man's Spiritual Journey to Find the Truth about Homosexuality and Same-Sex Partnerships*, 2nd edition. Glasgow: Bell & Bain, 2009.

Martin, Dale B. *Sex and the Single Savior: Gender and Sexuality in Biblical Interpretation.* Louisville: Westminster John Knox, 2006.

Milgrom, Jacob. *Leviticus: A Continental Commentary.* Minneapolis: Fortress Press, 2004.

Myers, David G. *Psychology,* 10th edition. New York: Worth Publishers, 2013.

Noth, Martin. *Leviticus: Old Testament Library.* Philadelphia: Westminster Press, 1965.

Paris, Jenell Williams. *The End of Sexual Identity: Why Sex Is Too Important to Define Who We Are.* Downers Grove, IL: Intervarsity Press, 2011.

Piper, John and Wayne Grudem, *Recovering Biblical Manhood and Womanhood: A Response to Evangelical Feminism.* Wheaton, IL: Crossway Books, 2012).

Roberts, Christopher Chennault. *Creation and Covenant: The Significance of Sexual Difference in the Moral Theology of Marriage.* New York/London, T & T Clark, 2007.

Rogers, Jack. *Jesus, the Bible, and Homosexuality: Explode the Myths, Heal the Church.* Louisville: Westminster John Knox, 2006.

Ruether, Rosemary. *Faith and Fratricide: The Theological Roots of Anti-Semitism.* Minneapolis: Winston Press, 1974.

Sanders, Cody J. *Queer Lessons for the Straight & Narrow: What All Christians Can Learn from LGBTQ Lives.* Macon, GA: Faithlab, 2013.

Ruden, Sarah. *Paul Among the People: The Apostle Reinterpreted and Reimagined in His Own Time.* New York: Image Books, 2010.

Stassen, Glen H. and David P. Gushee, *Kingdom Ethics: Following Jesus in Contemporary Context.* Downers Grove, IL: Intervarsity Press, 2003.

Stowe, Harriet Beecher. *Uncle Tom's Cabin.* New York: Barnes & Noble Classics, [1852] 2003.

Thiselton, Anthony C. *The First Epistle to the Corinthians: New International Greek Testament Commentary.* Grand Rapids, MI/Cambridge: William B. Eerdmans Publishing Company, 2000.

Trible, Phyllis. *Texts of Terror: Literary-Feminist Readings of Biblical Narratives.* Philadelphia: Fortress Press, 1984.

VanderWal-Gritter, Wendy. *Generous Spaciousness: Responding to Gay Christians in the Church.* Grand Rapids: Brazos, 2014.

Vasey, Michael. *Strangers and Friends: A New Exploration of Homosexuality and the Bible.* London: Hodder & Stoughton, 1995.

Vines, Matthew. *God and the Gay Christian: The Biblical Case in Support of Same-Sex Relationships.* New York: Convergent Books, 2014.

von Rad, Gerhard. Genesis: *Old Testament Library*, revised edition. Philadelphia: Westminster Press, 1972.

Webb, William J. *Slaves, Women & Homosexuals: Exploring the Hermeneutics of Cultural Analysis.* Downers Grove, IL: Intervarsity Press, 2001.

Wenham, Gordon J. *Leviticus: New International Commentary on the Old Testament.* Grand Rapids: William B. Eerdmans Publishing Company, 1979.

Wilson, Ken. *A Letter to my Congregation: An evangelical pastor's path to embracing people who are gay, lesbian and transgender into the company of Jesus.* Canton, MI: Read the Spirit Books, 2014.

Wold, Donald J. *Out of Order: Homosexuality in the Bible and the Ancient Near East.* Grand Rapids: Baker, 1998.

Acerca del autor

El Dr. David P. Gushee (PhD, Union Theological Seminary, Nueva York) es Profesor Universitario Distinguido de Ética Cristiana en la Universidad Mercer, presidente de Ética Social Cristiana en Vrije Universiteit Amsterdam e Investigador Principal, Centro Internacional de Estudios Teológicos Bautistas.

Gushee es el expresidente electo tanto de la Academia Estadounidense de Religión como de la Sociedad de Ética Cristiana, lo que destaca su papel como uno de los principales especialistas en ética cristiana de los Estados Unidos. Es autor, coautor, redactor o co-redactor de más de 25 libros y aproximadamente 175 capítulos de libros, artículos de revistas y reseñas. Sus primeros trabajos más reconocidos incluyen *Righteous Gentiles of the Holocaust, La ética del reino* y *The Sacredness of Human Life*. Con su libro del 2014 *Cambiando nuestra mente* y luego *After Evangelicalism*, ha estado trazando un curso teológico para los cristianos post-evangélicos, un curso que relata más personalmente en sus memorias, *Still Christian*. Con la publicación de la accesible *Introducing Christian Ethics*, estas obras han ampliado considerablemente su número de lectores.

Durante una carrera larga y completa, ha sido un educador dedicado como profesor Gushee para estudiantes universitarios, seminaristas y estudiantes de doctorado. También ha liderado esfuerzos activistas sobre el clima, la tortura y la inclusión LGBTQIA, y es un orador principal en iglesias, foros y universidades.

Para los medios de comunicación en general, el Dr. Gushee ha escrito cientos de artículos de opinión y continúa dando entrevistas a los principales medios y podcasts.

El Dr. Gushee y su esposa Jeanie viven en Atlanta, y puede conectarse con él y suscribirse a su boletín informativo en davidpgushee.com o @dpgushee en las redes sociales.

Guía de estudio
Escrita por Robert Cornwall

Dedicado a mi hermano Jim,
quien abrió mis ojos al salir del armario dedicado a la gracia
acogedora de Dios para todas las personas, especialmente
mis hermanas y hermanos en Cristo que son LGBT.

Introducción

Fue hace unos 15 años que mi hermano menor, mi único hermano, se declaró gay. Ya tenía treinta y tantos años para ese entonces. Había estado activo en iglesias e incluso estuvo involucrado en el liderazgo con la sucursal local de un conocido ministerio juvenil evangélico paraeclesiástico. En el momento en que salió del armario, todavía tenía la mentalidad de que uno no podía ser gay y un buen cristiano practicante. Aunque pensaba que los gays y las lesbianas debían ser tratados con respeto y no sufrir discriminación, mi aceptación no se extendía a permitir su presencia en la iglesia, al menos no en posiciones de liderazgo. Sí, eran bienvenidos a venir a la iglesia, tal vez incluso a convertirse en miembros. Pero mi aceptación no se extendía a que formaran parte del liderazgo de la iglesia, la ordenación o el matrimonio (aunque en ese momento el matrimonio legal aún permanecía en el horizonte lejano).

Cuando mi hermano salió del armario, lo que siempre había sido una conversación académica se volvió personal. Si mi hermano, a quien amaba, era gay, ¿cómo iba a reconciliar este hecho con mis sistemas de creencias? Como muchos otros que enfrentan esta pregunta, comencé a repensar mis presuposiciones. Esto incluía lo que yo había entendido como "natural". También comencé a repensar la forma en que leo las Escrituras. ¿Me había equivocado en algo? ¿Eran estos textos que parecían excluyentes pertenecientes a la misma categoría que los textos utilizados para excluir a las mujeres del ministerio, en generaciones anteriores, o apoyaban la esclavitud? Al final, mi mente cambió.

Pasé de ser un opositor en contra de la inclusión total de personas LGBT en la iglesia a un partidario de la inclusión total.

Como experimenté un cambio de opinión, tuve que plantear la pregunta a la congregación a la que servía. Eso no fue fácil entonces, ni lo fue cuando me mudé a nuevas congregaciones que aún no habían luchado por completo con el "tema". Las congregaciones son comunidades complejas. Incluso las congregaciones que se ven a sí mismas aceptando y dando la bienvenida pueden trazar líneas y levantar muros. Entonces, ¿cómo borras las líneas y derribas los muros, si eso es lo que crees que Dios quiere que hagas?

Es en el curso de un viaje hacia la inclusión total en mi congregación actual que encontré el libro de David Gushee, *Cambiando nuestra mente*. Conocía desde hacía mucho tiempo a David y su trabajo como especialista en ética cristiana. Recientemente nombré su libro *The Sacredness of Human Life* (Eerdmans, 2013) como libro del año en mi blog. Si bien algunas de las cosas que están en *Cambiando nuestra mente* están presentes en el libro anterior, en *Cambiando nuestra mente* el dio el siguiente paso. En *Cambiando nuestra mente*, hizo un llamado a la comunidad cristiana para que sea totalmente inclusiva con las personas LGBT. Lo hizo desde la perspectiva de un destacado teólogo evangélico y especialista en ética. Este libro se ha convertido en un cambio radical para la iglesia, incluyendo mi propia congregación.

Mientras leía el libro de David, mi congregación estaba en medio de una conversación, a veces, polémica sobre si debiéramos convertirnos en una congregación abierta y afirmante (inclusiva). Teníamos miembros de la iglesia gays, lesbianas y bisexuales. Dos de los miembros de nuestro personal son gay (uno de los cuales está casado con un hombre gay). Queríamos presentarnos como un lugar que da la bienvenida y que es inclusivo, pero parecía que nos obsesionábamos con la cuestión de quién debería casarse en el edificio de la iglesia. Después de leer el libro, me reuní con algunos de nuestros líderes y sugerí que tal vez querríamos traer a David para que fuera el orador en nuestra cátedra anual. Estuvieron de acuerdo y le extendimos la invitación. David aceptó. Se hicieron planes. Como introducción a la visita de David, decidimos que la mayor cantidad posible de miembros de nuestra iglesia deberían leer el libro. Dos de nuestros grupos de estudio leyeron y discutieron el libro en las semanas previas a la llegada de David. Esta guía de estudio, que elaboré y que ha sido revisada un poco, es el resultado.

En el momento de la visita de David, había varias personas que luchaban con el asunto en cuestión. Estaban luchando con las normas sociales heredadas, las enseñanzas religiosas, así como con su comprensión de la Biblia. Aunque somos una iglesia protestante tradicional con una historia un tanto progresista/

liberal, entre nuestros miembros había personas de todo el espectro teológico. Hubo conversaciones sobre cuan abiertos habíamos sido hacia las personas LGBT, aceptación y afirmación a lo largo de los años, pero seguía habiendo focos de incomodidad acerca de seguir adelante. Antes de que llegara David, llevamos a cabo un par de eventos que estaban diseñados para promover la conversación, pero no lograron lo que esperábamos. De hecho, uno de los eventos puede habernos hecho retroceder unos pasos. Luego vino David. Su compromiso con la fe cristiana, con la autoridad de las Escrituras, su integridad como persona y su reconocimiento de que todos estamos en diferentes lugares del camino marcaron una diferencia significativa. Varias personas que habían estado dudosos fueron conmovidas por su mensaje. Es posible que aún estén luchando con estas preguntas, pero su encuentro con David los ayudó a avanzar hacia el apoyo total hacia la inclusión y la afirmación. Fue poderoso. Me conmovió lo que escuché y vi. Imaginé un nuevo ministerio con familias de niños y jóvenes LBGTQ+.

Creo que este libro, y David como persona, ha sido un regalo de Dios para mi congregación y la iglesia en general. Creo que David hace avanzar la conversación de una manera que no he visto en ningún otro lugar. Algunos pueden encontrar su mensaje cauteloso e incluso conservador, pero para muchos en la iglesia, eso es necesario si la iglesia va a cruzar al otro lado. Con eso, los invito a viajar conmigo a través de este libro hacia una mejor comprensión de lo que significa ser una iglesia abierta para las personas LGBT, afirmante, acogedora o que dan la bienvenida y amorosa como iglesia y como cristianos.

La guía de estudio que sigue se divide en cinco sesiones, con preguntas planteadas para cada uno de los capítulos del libro. No es necesario que los grupos de estudio se sientan obligados a hacer uso de todas las preguntas, y los líderes de grupo pueden desear dividir este material en más de cinco sesiones. Sin embargo, si usa el libro y esta guía de estudio, es mi esperanza y mi oración que usted y su congregación disciernan la dirección de Dios para las vidas individuales, las congregaciones, las denominaciones y la sociedad en general. *Robert D. Cornwall, Ph.D., es el Pastor de la iglesia Central Woodward Christian Church (Disciples of Christ) en la ciudad Troy en el estado de Michigan.*

Semana 1

Capítulo 1: En vivo desde Nueva York

El tema de las personas lesbianas, gays, bisexuales y transgénero en la iglesia y en la sociedad ha pasado a primer plano. Ya no se puede evitar. Está dividiendo generaciones y haciendo que la gente abandone la iglesia, ya sea porque la iglesia no es lo suficientemente inclusiva o porque se ha vuelto demasiado inclusiva. A medida que avanza el debate, muchas personas están cambiando de opinión, dejando atrás las nociones de comunidad que tenían desde hace mucho tiempo. Entre ellos se encuentra un destacado ético evangélico, el Dr. David Gushee. En el capítulo inicial de su libro, *Cambiando nuestra mente*, confiesa que su propia mente cambió al escuchar historias de cristianos gays y lesbianas.

- ¿Cómo ha cambiado su mente?
- ¿Cuáles son los factores que le llevaron a su cambio de mente y corazón?Con esto en mente, compartamos nuestras propias historias.
- ¿Cómo se formaron tus perspectivas de sexualidad y moralidad?
- ¿Cuál es el papel que juegan las relaciones sociales en esta conversación?
- ¿Conocer a una persona que es LGBTQ+ afecta la forma en que crea sus puntos de vista?

Si la experiencia es un factor, ¿cómo afecta esto la forma en que lee la Biblia sobre asuntos de sexualidad?

Capítulo 2: Una iglesia con un problema

La pregunta del momento: ¿dónde está la iglesia en este asunto? David sugiere que hay cuatro formas de plantear la pregunta. Al revisar cada una de ellas, ¿sientes que planteó las opciones de manera adecuada? ¿Dónde te ubicas? **La Iglesia cree que las relaciones entre personas del mismo sexo están mal.**

- Si este ha sido el punto de vista dominante en la iglesia y continúa siendo dominante en grandes sectores de la iglesia, ¿cree que las cosas puedan cambiar?
- ¿Qué está en juego en la comprensión tradicional de la iglesia sobre la moralidad sexual y las relaciones entre personas del mismo sexo?
- Si se está produciendo un cambio, ¿qué opina de estos cambios?

La Iglesia tiene un problema debido a su posición acerca de la comunidad LGBTQ+.

* ¿De qué manera el cambio de actitudes en la sociedad en general plantea un problema para la iglesia?

* ¿Qué deberíamos pensar de los informes de que los jóvenes dicen que la actitud de la iglesia hacia las personas LGBTQ+ es una de las razones principales para dejar la iglesia?

* Con base en esta evidencia, ¿qué tipo de conversaciones debería tener la iglesia?

* Si hay millones de cristianos LGBTQ+, ¿cómo debería responder la iglesia?

Las personas gays tienen un problema con la iglesia.

* Durante mucho tiempo las iglesias han practicado el principio de "no preguntes, no digas". Esto ha llevado a muchos congregantes a concluir que no conocían a ninguna persona gay o que no conocían a ningún cristiano gay. ¿Acaso esto ha sido cierto para ti?

* Según David, cuando se abrió el armario, la iglesia no supo cómo responder. Esto presentó un problema para las personas gays y lesbianas porque se les había hablado con menosprecio durante tanto tiempo y llegaron a ver a la iglesia como el enemigo. Sus amigos y familiares también llegaron a la misma conclusión. ¿Qué se puede hacer para cambiar estas percepciones?

* ¿Debería la iglesia, o al menos los cristianos, arrepentirse de estas actitudes?

No existe tal cosa como "la Iglesia".

* Cuando decimos "la iglesia", ¿a qué nos referimos? ¿Existe realmente algo así como "la iglesia"? ¿O hay muchas iglesias diferentes con muchos puntos de vista diferentes?

* Si bien algunas tradiciones tienen creencias y prácticas establecidas, ¿tus valores y creencias están más moldeados por los organismos más grandes o las realidades locales?

* ¿Qué opinas de las tradiciones que valoran la autonomía local? ¿Cómo podrían tratar la cuestión LGBTQ+ de manera diferente a aquellas congregaciones que son parte de un sistema más interconectado?

* Si bien todos podemos tener cambios individuales de corazón y mente, ¿qué significa que haya un cambio en "toda la iglesia"?

* ¿Puede la iglesia cambiar de opinión o de actitud sobre este tema y permanecer fiel al Evangelio? (pág. 16-19).

- David sugiere que esto es posible y, por lo tanto, nos invita a incluir todos los compromisos sexuales en la estructura de pacto de la moralidad sexual histórica. ¿Cómo podría ser esto posible?

Capítulo 3: Generando una conversación

En este capítulo, David Gushee identifica tres tipos de respuestas posibles a los temas LGBTQ+ presentes en la iglesia. Defina y discuta cada una de estas perspectivas. ¿Qué opinas de estas tres respuestas? ¿Dónde te ves a ti mismo? ¿Tu congregación? ¿Tu denominación?

- **Los tradicionalistas:** Aquellos que quieren aferrarse a actitudes cristianas o culturales tradicionales.
- **Los revisionistas:** Aquellos que desean que suceda un cambio en la interpretación bíblica, las prácticas de la iglesia, etc.
- **Los evasivos:** ¿Es esta quizás la actitud más común presente en la iglesia? ¿Por qué sucede esto? ¿Cómo podría una congregación o sus líderes responder a la evasión?

Capítulo 4: ¿Cuál es exactamente el problema?

¿Cuál es la norma "histórica" que un gran número de cristianos cree que define los puntos de vista cristianos sobre la moralidad sexual? ¿Podríamos definir esta norma histórica en los siguientes términos?

- Existimos como dos géneros distintos y se nos ordena divinamente que solo tengamos relaciones sexuales con el sexo opuesto.
- Las relaciones sexuales deben estar restringidas por el matrimonio monógamo de por vida, con énfasis en la procreación como el propósito divino del matrimonio.
- Los roles/relaciones de género deben entenderse en términos patriarcales, y cada género tiene roles divinamente prescritos.

¿Cómo se cuestionan hoy estos paradigmas de sexo y género?

- Existe un reconocimiento creciente, entre muchos en la sociedad, de la presencia persistente de atracción hacia el mismo sexo, así como tipos de atracción más fluidos (no binarios).
- Ahora se reconoce que las personas se identifican como géneros biológicamente indeterminados.

- Una encuesta de Gallup del 2015 mostró que entre el 3 y el 5 % de los estadounidenses se identifican como LGBTQ+.
- ¿Qué opina del hecho de que los intentos de desalentar o "curar" la atracción entre personas del mismo sexo generalmente han resultado ser un fracaso?
- La investigación muestra que la diversidad de orientación sexual es un hecho. ¿Qué pensamos en cuanto a eso?
- David Myers de Hope College distingue entre orientación sexual (deseo sexual-romántico), identidad sexual (autocomprensión socialmente influenciada) y comportamiento sexual (elecciones que hacemos en la actividad sexual).
- La orientación sexual es como la "lateralidad". ¡Es lo que es! Entonces, ¿cómo respondemos?

David Gushee señala que encontraremos bifurcaciones en el camino a medida que avanzamos por el camino hacia un cambio de opinión. En este punto del viaje (el final del capítulo cuatro), llegamos a la primera bifurcación. Por lo tanto, antes de seguir adelante, debemos abordar estas preguntas:

- ¿Tomaremos en serio las narrativas personales, la investigación psicológica y las conclusiones clínicas y las integraremos en la reflexión y el ministerio cristianos?

¿O las descartarémos?

Semana 2

Para recapitular la conversación de la primera semana, notamos que hay tres grupos básicos en la iglesia. Hay tradicionalistas que afirman la opinión de que las únicas parejas sexuales apropiadas son las de naturaleza heterosexual y que el matrimonio debe ser entre un hombre y una mujer. También hay revisionistas que argumentan que mientras la orientación sexual de la mayoría de los seres humanos es heterosexual, algunas personas, entre ellas un buen número de cristianos, se sienten atraídas por personas del mismo género. El tercer grupo está etiquetado como evasores, quienes por una variedad de razones preferirían no tratar el problema en cuestión. Es con estos tres grupos en mente que continuamos el viaje

Al final de nuestra conversación la semana pasada llegamos a *nuestra primera bifurcación en el camino*. La pregunta planteada en este punto se refiere a si tomamos o no en serio las narrativas personales, la investigación psicológica y las conclusiones clínicas y las integraremos en la reflexión y el ministerio cristianos. ¿Dónde te encuentras en este punto? ¿Estás listo para seguir estas preguntas más a fondo?

Capítulo 5: Un cambio que todos podemos apoyar

En el capítulo 5, David Gushee sugiere que hay un cambio de mentalidad en el que todos podemos estar de acuerdo (ojalá). Habla aquí de los muchos tradicionalistas, aquellos que continúan manteniendo puntos de vista tradicionales sobre la moralidad sexual y han llegado a reconocer que no es apropiado discriminar a las personas LGBTQ+ con respecto al empleo y la vivienda. Los tradicionalistas también rechazan el acoso y la estigmatización de las personas LGBTQ+, y muchos incluso reconocen que las personas gays viven entre nosotros y deben ser tratadas con amabilidad. ¿Cómo podría ser esto una buena noticia?

* ¿Cómo respondes a la evaluación de David? ¿Qué piensa de su sugerencia de que la defensa de la libertad religiosa que estamos viendo es ahora la posición de reserva? ¿Cómo es un modo de pensamiento defensivo? ¿Crees que es una posición sostenible?

Capítulo 6: Los cristianos gays existen

David señaló en el capítulo anterior que las actitudes hacia las personas LGBTQ+ se han suavizado entre quienes se identifican como tradicionalistas. En este capítulo, señala que muchos tradicionalistas han comenzado a reconocer que también hay cristianos gays en nuestras iglesias. ¿Hay miembros de su congregación que se describen a sí mismos como LGBTQ+?

En sus encuentros con cristianos gays, David descubrió que su creencia de que ser gay y liberal van de la mano podría ser incorrecta. ¿Cómo podría el hecho de que muchos cristianos gays se identifiquen como teológicamente conservadores afectar sus puntos de vista sobre el debate LGBTQ+?

Él presenta dos lados: el lado A (aquellos que afirman que las parejas del mismo sexo pueden entrar en relaciones de pacto divinamente bendecidas) y el lado B (aquellos que creen que las relaciones entre personas del mismo sexo no son permisibles). Señala que hay cristianos gays que se identificarían con los del Lado B. ¿Cómo puede ser esto cierto? ¿Cuál es tu respuesta?

* Si aceptamos que hay muchas personas LGBTQ+ que afirman la fe cristiana, ¿cómo debe responder la iglesia y los cristianos en general ante esta realidad? ¿Hay una diferencia en cómo uno responde? Si es así, ¿por qué?

Capítulo 7: Seis opciones para la iglesia

David establece un escenario. La iglesia comienza a darle la bienvenida a los cristianos célibes y gays a la comunión plena. Muy pronto llegan otras personas LGBTQ+, incluyendo parejas que están casadas, porque han escuchado que la iglesia es relativamente segura y muchos cristianos gays buscan un hogar seguro. ¿Qué crees que le va a pasar a esa iglesia en el futuro?

David presenta seis opciones que las iglesias usualmente toman en respuesta al tema de los cristianos gays.

La primera opción es: No haga preguntas.

* ¿Cuáles son entonces las expectativas morales de los miembros? ¿Hay alguna?
* ¿Qué pasa con el divorcio? ¿Vivir juntos fuera del matrimonio? Etc.? ¿Qué normas de conducta debe esperar la iglesia?

La segunda es: ¿Quiénes somos para juzgar?

* ¿Tenemos derecho a juzgar a los demás o debemos centrarnos en nosotros mismos? ¿Debe tirar la primera piedra el que está libre de pecado?

Tercera: "Dialogar para discernir."

* ¿Hay incertidumbre en la iglesia sobre el tema?
* ¿Hay algunos que apoyan la inclusión y otros que no?
* ¿Necesitamos saber más?
* ¿Es este un asunto discutible en el que podemos acordar estar en desacuerdo?

Cuarta: La adaptación pastoral

La suposición aquí es que, si bien Dios tenía la intención de que la intimidad sexual y el matrimonio fueran de naturaleza heterosexual, los humanos son criaturas caídas. Por lo tanto, los pastores y las iglesias tienden a adaptarse a las realidades de las personas que forman parte de la congregación. Bajo esta lógica, al igual que con los cristianos divorciados, los cristianos LGBTQ+ deben ser bienvenidos tal como son.

* Tomando en consideración esta realidad pastoral, ¿qué significa para una iglesia ministrar a las personas dónde están? ¿Debería la iglesia alentar a las personas a llegar más allá de donde están cuando llegan? ¿O animarlos a arrepentirse y cambiar sus caminos?

David sugiere que estas cuatro opciones, que comúnmente se tratan de alcanzar en las congregaciones, son un término temporal. Le decimos a la gente, solo vengan a la comunidad y luego trataremos de resolver las cosas.

- ¿Encuentras aceptable tal entendimiento? ¿Es viable?

- ¿Alguna de estas opciones parece ser un lugar apropiado para terminar como una opción final?

- ¿Te encuentras en otra bifurcación en el camino? ¿Quiere quedarse con una de estas opciones o buscar otras soluciones más permanentes?

Opción cinco: La exclusionista

- Para algunos, la única opción es excluir a aquellos que se entienden a sí mismos como parte de la comunidad LGBTQ+. Por lo tanto, la iglesia no otorga admisión a la membresía (5A), a menos que uno sea célibe (5B).

- Entonces, ¿qué sucede cuando sale el hijo de un miembro del armario? ¿Se debe excluir al niño? ¿Qué pasa con los padres? ¿Qué consejo les da la iglesia a los padres? ¿Deben aceptar a sus hijos tal como son? ¿Evitarlos?

- ¿Conduce esto a meter a las personas gays en el armario? ¿Qué sucede con las personas LGBTQ+ que viven en el armario? ¿Así como la iglesia?

Opción seis: "La reconsideración de la normativa"

- Un número creciente de cristianos ha llegado a la conclusión, a menudo debido a sus relaciones con cristianos gays (incluyendo los miembros de la familia), así como a los nuevos paradigmas de lectura y comprensión de las Escrituras, que la iglesia debe reconsiderar sus entendimientos anteriores. En otras palabras, la iglesia se equivocó en cuanto a la interpretación de las Escrituras y su aplicación. ¿Qué significa tal cambio para la iglesia?

- ¿Es esto preferible a las opciones 1-4?

- ¿Dónde cree que se encuentra su congregación con respecto a esta pregunta?

- ¿Cuáles son las ramificaciones de política interna para tomar tal posición?

Capítulo 8: Si aquí es donde se baja del autobús

Con suerte, nadie se bajará del autobús a estas alturas, pero sabiendo que esta es una pregunta difícil para muchos, consideremos las siete solicitudes que hace David a los tradicionalistas que sienten que no pueden ir más allá.

- Volviendo a las páginas 45 y 46 del libro, ¿cuáles son sus pensamientos sobre la petición de David?
- Incluso si está listo para continuar, ¿qué piensa de esto como una respuesta mínima básica para los cristianos?
- ¿Cómo puede la iglesia ser un lugar seguro para todas las personas, incluyendo las personas LGBTQ+?

Semana 3

La semana pasada analizamos seis opciones, cuatro de las cuales David Gushee sugiere que deberían verse como temporales, porque no nos hacen avanzar. Eso nos deja con dos. Una es la exclusión, pero si esto no es lo que somos, ¿cómo revisamos nuestras normas? Si esta es nuestra dirección, ¿cómo debemos leer las Escrituras? Esa es nuestra pregunta de hoy.

Capítulo 9: Inspiración bíblica, interpretación humana

¿Cómo entiendes la naturaleza de la Biblia y su autoridad para tu vida y la iglesia?

- ¿Cuáles son sus pensamientos sobre la lista de temas en los que las personas han estado en desacuerdo sobre la interpretación? ¿Es un lado más bíblico que el otro?
- ¿Cómo encaja el factor humano en la escritura y lectura de las Escrituras?
- ¿Cómo distinguimos entre texto e interpretación?
- ¿Quién es la audiencia principal de David Gushee? (pág. 45-46   )
- ¿Hay creyentes que creen firmemente en la inspiración y la autoridad de las Escrituras?
- ¿Hay personas que reconocen que necesitan hacer su tarea bíblica?
- ¿Hay personas que reconocen que la teología requiere una buena exégesis?

Capítulo 10:

Como los tradicionalistas conectan los puntos bíblicos

¿Cuál es la fórmula tradicionalista para leer un texto bíblico?

Estos incluyen los relatos de la creación (Gén. 1-2); agresión sexual (Gén. 19/ Jueces 19); dormir con una persona del mismo sexo como abominación (Lev. 18:22); divorcio/matrimonio como hombre/mujer (Mateo 19/Marcos 10); actos entre personas del mismo sexo = idolatría (Rom. 1); y vicios morales (1 Cor. 6:9; 1 Tim. 1:10).

David señala que esencialmente 11 capítulos de los 1189 capítulos de la Biblia parecen tener algo que decir sobre este tema. ¿Qué opinas de eso? David nos proporciona una lista de cómo no argumentar contra los tradicionalistas.

Tenga en cuenta cada uno y discuta por qué esto podría ser un problema para aquellos que desean alentar a los tradicionalistas a cambiar de opinión.

- No descarte los textos citados por los tradicionalistas como versos garrotes. No todos tienen malicia en el corazón.
- No descartar autores (Pablo) o secciones (Antiguo Testamento)
- No descarte a las personas que citan la Biblia en su contra como fundamentalistas.
- No descarte la ética cristiana tradicionalista como anti-cuerpo, anti-sexo, anti-mujeres, anti-placer.
- No se limite a señalar temas amplios de liberación/justicia/inclusión.
- No resuelva argumentos con aseveraciones de ser "profético".
- No se limite a decir que los cristianos necesitan ponerse al día con la cultura.
- ¿Cómo se puede ser un pensador crítico de mente abierta y afirmar la autoridad y la inspiración de las Escrituras? ¿Puede un fiel lector de las Escrituras llegar a una conclusión diferente sobre el significado de los textos que se ha entendido que prohíben o condenan las relaciones entre personas del mismo sexo?

Capítulo 11: Los pecados de Sodoma (y Gabaa)

David nos invita a mirar textos que se han vuelto centrales en el debate sobre las relaciones entre personas del mismo sexo y el matrimonio igualitario. Comienza con Génesis 19 y Jueces 19, los cuales involucran intentos de violar a los visitantes de la ciudad, lo que lleva a la destrucción de las ciudades.

¿Qué nota acerca de estas historias?

- Ambas historias hablan de romper los estándares de hospitalidad del Cercano Oriente.

- En ambos casos se ofrecen mujeres como alternativas - (Génesis 19 son las hijas, Jueces 19 es una concubina que es huésped). ¿Qué piensa usted de esto?

- Ambos son llamados textos de terror por Phyllis Trible y son bastante perturbadores.

David señala aquí que esta historia sigue a una sección de Génesis 18 donde Abraham le suplica a que Dios salvara a la ciudad, aunque solo sea por unos pocos justos. Abraham llega a 10, pero cuando llegan los ángeles, solo encuentran a la familia de Lot. Sigue el juicio. ¿Qué dice esta historia acerca de Dios y de la humanidad?

Esta historia se ha utilizado comúnmente como una acusación de "homosexualidad" y da lugar al término "sodomía" (probablemente en el siglo XI de la era común o EC). ¿La mayoría de los académicos de hoy piensan que esta historia trata sobre relaciones entre personas del mismo género?

- Lo que sí sabemos es que Sodoma y Gomorra eran ciudades del pecado, aunque no sabemos completamente cómo obtuvieron su reputación. Esta historia habla de intento de violación, ruptura de los estándares de hospitalidad, la voluntad de Lot de sacrificar a sus hijas, etc. Además de eso, los emisarios parecen ser ángeles, y se le advertía al mundo antiguo que tuviera cuidado con la forma en que se trataba a los ángeles. ¿Cómo se relaciona esta realidad con la conversación anterior entre Dios y Abraham?

- Si bien Sodoma a menudo se ve como un símbolo de maldad en muchos otros textos bíblicos, nunca se describe el mal en términos de interés o comportamiento entre personas del mismo sexo. Nótese, por ejemplo, Ezequiel 16:49, donde el pecado se describe en términos de orgullo, exceso y prosperidad frente a la pobreza. Si estos son los pecados condenados de Sodoma, ¿cuál es el mensaje de Sodoma para hoy?

- Curiosamente, el único texto que parece plantear cuestiones de sexo se encuentra en Judas 6-8 y 2 Pedro 2:6-7, donde el enfoque está en el "interés profano en 'otra carne'". ¿Podría este interés profano ser más una cuestión de sexo con ángeles que de intimidad sexual entre personas del mismo género? (pág. 53).

- David sugiere que la comparación más probable es con la violación en grupo en tiempo de guerra o en prisión. Querían humillar a los hombres al violarlos. Posiblemente también habla del deseo de dominar a los hombres tratándolos como mujeres (p. 62). Si esto es cierto, ¿cómo debemos interpretar el pasaje?

Capítulo 12: Levítico, abominación y Jesús

- ¿Qué es una abominación? (cosa detestable). (pág. 54)
- ¿Qué tipo de acciones se consideran abominaciones en el Antiguo Testamento?
- ¿Qué opinas de estas (117)? referencias
- ¿Podrían estos mandatos ser marcadores de límites, no declaraciones éticas? Si sirven como una forma de establecer un límite entre Israel y sus vecinos, ¿cómo deberían aplicarlos los cristianos hoy?
- ¿Podrían las referencias aquí a las relaciones entre personas del mismo género tener algo que ver con la prohibición de "derramar la semilla" (tema de la procreación)?
- Preocupación por ser la pareja pasiva, ¿tratada como una mujer? Esto sería una preocupación en una sociedad patriarcal/jerárquica donde los roles de género están firmemente definidos, con las mujeres en un lugar inferior.
- Preocupación por los designios de la creación: ¿qué es lo natural?
- Delitos a los que se asigna la pena de muerte (Lev. 20:13), ¿está de acuerdo con el castigo? Si no, ¿qué castigo es apropiado?
- ¿Qué hay de maldecir a un padre? ¿O el pastor usando las vestiduras equivocadas?
- David le pregunta al lector cómo se interpretan y aplican los textos bíblicos. ¿Qué método es apropiado?
- ¿Cómo encaja Jesús en la forma en que los cristianos se relacionan con la Biblia hebrea (Antiguo Testamento)?
- ¿Qué hay del hecho de que la palabra abominación ocurre en relación con Jesús solo unas pocas veces, dos de las cuales se encuentran en Apocalipsis? Habiendo tomado nota de esos, ¿resuelven el problema?

Capítulo 13: Dos palabritas extrañas

Aquí tratamos con dos palabras que aparecen en las listas de vicios en 1 Corintios 6 y 1 Timoteo 1. Contextualmente, parecerían ser parte de una conversación sobre la presencia de laxitud moral en la congregación (1 Corintios) o un énfasis excesivo en la ley (1 Timoteo). Las palabras de interés utilizadas aquí son *arsenokoitai y malakoi*.

- ¿Qué es malakoi?
- David observa una amplia gama de traducciones desde debilucho a afeminado. Cuando se combina con la palabra *arsenokoitai*, se ha traducido como "hombres que tienen sexo con hombres".
- En otros lugares, *malakoi* se traduce como suave, como la ropa de los ricos, pero entonces aquí habla de una falta de masculinidad.
- En nuestro contexto, ¿cómo deberíamos leer esto y dónde afirmaríamos una perspectiva menos patriarcal?

¿Qué hay de *arsenokoitai*?

- Aparece solo en 1 Corintios 6:9 y 1 Timoteo 1:10, esto podría ser un neologismo, una palabra que Pablo acuñó para estas ocasiones. Si estas son palabras nuevas, acuñadas por Pablo, ¿a quién se le ocurre una definición de los términos?
- ¿Podría ser esto una apelación a la traducción de la Septuaginta de Levítico 18:22; 20:13, donde aparecen las palabras arsenos y koiten? (pág. 62).
- ¿Cómo debe traducirse esta palabra compuesta?

David señala una gran cantidad de opciones, incluyendo los sodomitas, una palabra que proviene de la historia de Sodoma en Génesis 19. La mayoría habla de algún tipo de comportamiento sexual del mismo género, pero ¿en qué contexto?

Entonces, ¿qué está haciendo Pablo aquí? ¿Cómo podrían aplicarse los pasajes en la actualidad? ¿Pablo está hablando de relaciones sexuales consensuadas entre adultos o más bien de algo así como pederastia?

- Tenga en cuenta que cuando se usa fuera del Nuevo Testamento, la palabra *arsenokoitai* no habla del comportamiento del mismo sexo, sino de la explotación económica. ¿Qué piensa usted de esto?
- ¿Podría la referencia aquí, especialmente en 1 Timoteo, ser una referencia a traficantes o depredadores sexuales? (pág. 64).

- ¿Cómo podrían los no académicos, cuyo acceso al texto se limita a la traducción, dar sentido a estas palabras? ¿Qué pasa si las traducciones están influenciadas por la teología o ciertos prejuicios? ¿Qué pasa si la incertidumbre de los eruditos no se refleja en las traducciones? ¿Conduce esto a desafortunadas condenas de las personas LGBTQ+ cuando los textos pueden no hablar de ellas?
- Si hay incertidumbre aquí, ¿el problema sigue sin resolverse?

Semana 4

La semana pasada, analizamos textos bíblicos de Génesis, Levítico, 1 Corintios y 1 Timoteo. Planteamos preguntas sobre el contexto, la interpretación y la traducción. Percibimos que están surgiendo preguntas serias y complicadas, pero nuestras preguntas en sí mismas siguen sin respuesta. Continuaremos con este viaje, enfocándonos más en lo que significa vivir con la sexualidad que tenemos, no con la sexualidad que no tenemos.

Capítulo 14: Dios los hizo hombre y mujer

David plantea preguntas sobre el papel que juegan las historias de la creación en nuestra conversación. Señala que la referencia a hombre y mujer en Génesis 1-2 es vista por muchos como una receta para relaciones sexuales debidamente ordenadas. También nota cómo Jesús retoma estos textos al tratar con el divorcio (Mateo 19). ¿Deberíamos tomar estas referencias como prescriptivas (la única forma apropiada de asociación sexual) o descriptivas (lo que es cierto normalmente)?

Al tratar con Romanos 1, plantea la cuestión del contexto de Pablo y la realidad del exceso sexual. ¿Podría ser ese el problema de raíz en el que se lanzan las relaciones entre personas del mismo sexo?

El plantea aquí, y en el capítulo siguiente, la pregunta de la naturaleza. ¿Qué es natural?

¿Lo que consideramos natural cambia con el tiempo?

- David nota brevemente el asunto de cubrirse la cabeza. En 1 Corintios 11:14, Pablo pregunta si la naturaleza enseña o no que es degradante que un hombre tenga cabello largo o las implicaciones de que una mujer tenga el pelo largo.

Capítulo 15: La creación, la orientación sexual y la voluntad de Dios

David ha planteado la pregunta de cómo debemos entender la creación en este asunto. Es decir, ¿los relatos de la creación descartan cualquier relación que no sea hombre/mujer?

El ofrece tres propuestas:

- Propuesta 1: Podríamos tratar estos relatos como teología y luego preguntarnos cómo integramos lo que dicen y lo que sabemos de la ciencia. ¿Qué papel juega entonces la ciencia?
- Propuesta 2: El uso del lenguaje de "órdenes de creación" en el pasado ha demostrado ser problemático. Por lo tanto, en lugar de mirar hacia atrás a la creación, miremos hacia Jesús.
- Propuesta 3: Considerando las implicaciones para la ética sexual de vivir en un mundo de Génesis 3. Qué opinas de su punto, visto bajo esta luz, de que toda sexualidad está desordenada? Es decir, ninguno de nosotros somos verdaderamente inocentes en nuestra vida sexual. Todos estamos quebrantados y necesitamos que nuestra vida sexual sea ordenada/disciplinada. ¿Qué piensas de esto?

Con la tercera propuesta en mente, David ofrece el pacto como la clave para un orden adecuado. ¿Qué piensa usted de esto?

Capítulo 16: Hacia el pacto

¿Y si levantamos la prohibición? ¿Cuáles son las opciones para los cristianos LGBTQ+?

- ¿Ética del consentimiento mutuo? (no hagas daño, haz lo que te plazca)
- ¿Relación amorosa? (restringir el sexo a una relación monógama amorosa, mientras dure)
- ¿Ética marital-pactal? (Fuera del matrimonio el celibato, el divorcio es una rara excepción).

¿Cuál de estos afirma David?

- ¿Cuál es su razonamiento?
- ¿Estás de acuerdo?

¿Y qué hacemos en cuanto a los jóvenes?

¿Cómo debería responder la iglesia si afirma una visión marital de pacto para todos?

Capítulo 17:
Encuentros transformadores y saltos de paradigma

- ¿Cómo encaja la historia de Cornelio en esta conversación? (Hechos 10)
- ¿Cómo transformó la iglesia la visión de Pedro y el encuentro con Cornelio?

¿Sobre qué base se incluyó a Cornelio?

- ¿Ha tenido encuentros que han transformado sus puntos de vista y han permitido saltos de paradigma?

David menciona el Holocausto y cómo cambió la forma en que los cristianos han leído la Biblia con respecto a los judíos después de que sucedió. Esto llevó al abandono de lo que David llama la "enseñanza del desprecio".

- ¿Qué cambió? ¿Cambió la Biblia o cambió la forma en que la leemos y la aplicamos?

Si damos este salto, ¿estamos abandonando el Evangelio? David dice que no (pág. 90)

Semana 5

Hemos explorado los materiales bíblicos. Hemos discernido que los materiales bíblicos por sí mismos no resuelven el tema. ¿Entonces, dónde vamos desde aquí?

Capítulo 18: Un recorrido narrativo dual

Cuando se trata de pensamiento ético, David señala la sugerencia de H. Richard Niebuhr de que el punto de partida no es "¿Qué debo hacer?" sino "¿qué está pasando aquí?" Con eso en mente, ofrece un recorrido narrativo dual. Él sugiere que hay dos narrativas en competencia.

- La primera es de decadencia cultural, eclesial y moral. En esta narración, vemos una apostasía peligrosa del núcleo cristiano básico. Esta narrativa es atractiva para muchos que ven el declive del poder y el prestigio estadounidense en el mundo. Por lo tanto, el declive debe ser resistido. Esto es especialmente cierto con respecto a la ética sexual. La resistencia a la inclusión LGBTQ+ se considera esencial para preservar una visión cristiana de la sociedad.

- La segunda narrativa es una de marginación, resistencia e igualdad. En este caso la preocupación es por el otro, el que ha sido marginado por su etnia, género u orientación sexual. En nuestro caso, esta narrativa cuenta la historia de una mayor marginación de las personas LGBTQ+ y presiona a la iglesia y la sociedad a cambiar actitudes y prácticas.

¿Cuál de estas dos narrativas te parece más convincente? ¿Cuál te empuja a la acción?

David simpatiza con el primero, pero debido a sus encuentros con cristianos LGBTQ+, se encuentra del lado del segundo. Pero, él plantea una pregunta importante para nosotros. Cuando la iglesia dice que está dando la bienvenida y afirmando, o abierta y afirmando, ¿qué está afirmando?

El concluye que, en lugar de mirar la cuestión a través de la lente de la decadencia, está mirando la forma en que los cristianos tratan a las personas. Él pregunta si los cristianos de hoy tratan a las personas como lo haría Cristo. ¿Qué piensas?

Capítulo 19: Cómo llegué aquí

David concluyó la primera edición del libro con la historia de su propia transformación pasando de oponente a aliado. ¿Qué opinas de su historia?

- El hace un punto importante acerca de los puntos de partida. Tenga en cuenta que antes del 2007 y su llegada a la Universidad de Mercer, nunca tuvo un amigo gay o lesbiana. Por lo tanto, nunca supo las realidades de ellos. ¿Te parece esto familiar? ¿Por qué es esto? ¿Por qué tantas personas en el pasado dijeron que no conocían a ninguna persona gay mientras se hacía cada vez más extraño no conocer a alguien gay?

- Los encuentros con su hermana y los cristianos LGBTQ+ después del 2007 lo llevaron a desarrollar un nuevo paradigma. ¿Cómo cambian las amistades/relaciones la forma en que ves las cosas?

- ¿Dónde quiere Jesús que esté la iglesia hoy?

- David señala aquí que la gente secular ha sido más rápida en alcanzar la plena aceptación que la mayoría de los cristianos. ¿Por qué es esto? ¿Qué significa esto para los cristianos en el futuro? ¿Para las iglesias?

¿A qué está llamando Jesús a la comunidad cristiana a hacer en lo que se refiere a su relación con las personas LGBTQ+?

Capítulo 20: Ponerle fin a la enseñanza del desprecio

Este capítulo se agregó a la segunda edición y presenta un discurso pronunciado en la Conferencia de The Reformation Project sobre el problema de larga data de lo que David llama la "enseñanza del desprecio". ¿Qué es la "enseñanza del desprecio"?

- ¿Qué opina de la discusión de David sobre el cambio de mentalidad después del Holocausto en la forma en que la iglesia lee las Escrituras con respecto a los judíos?
- ¿Qué papel jugó la "tradición" en el desarrollo de la "enseñanza del desprecio"?
- ¿Puedes ver paralelos entre el antisemitismo cristiano y la enseñanza cristiana anti-LBGTQ+? ¿Cómo es esta último una forma de la "enseñanza del desprecio"?
- ¿Existe una analogía entre la velocidad con la que la iglesia abandonó las lecturas tradicionales sobre los judíos y la velocidad con la que la iglesia ha cambiado su comprensión de los cristianos LGBTQ+?
- ¿Cómo explicas esta rápida transformación?
- ¿Por qué las personas son susceptibles a las enseñanzas del desprecio? ¿Dónde más ves tales enseñanzas en juego dentro de la comunidad cristiana?
- ¿Cómo evitan los cristianos que tales enseñanzas surjan en la iglesia?
- Habiendo llegado hasta aquí, ¿alguna vez quisiste tomar una bifurcación diferente en el camino?

Sobre el autor de la guía de estudio

El Dr. Robert Cornwall se ha desempeñado como pastor principal de la Iglesia Woodward Christian Church (Disciples of Christ) en Troy, Michigan, desde julio del 2008. Se graduó de la Universidad Cristiana Northwest Christian University en Eugene, Oregón, y del Seminario Teológico Fuller en Pasadena, California, donde recibió su postgrado en Divinidad y doctorado en Teología Histórica. Se ha desempeñado como editor de la revista *Sharing the Practice* de la Academy of Parish Clergy desde el 2007; y es autor de varios libros, entre ellos *Marriage in Interesting Times: A Participatory Bible Study* (Energion, 2016), *Freedom in Covenant* (Wipf and Stock, 2015), *Worshiping with Charles Darwin* (Energion, 2013), *Unfettered Spirit: Spiritual Gifts for the New Great Awakening* (Energion, 2013) *Ultimate Allegiance: The Subversive Nature of the Lord's Prayer* (Energion Publications, 2010), *Faith in the Public Square: Living Faithfully in the 21st Century* (Energion, 2012) y *Visible and Apostolic: The Constitution of the Church in High Church Anglican and Non-Juror Thought* (University of Delaware Press, 1993).

Comprometido con el ministerio en la comunidad en general, se desempeña como Coordinador del Grupo Interreligioso del área de Troy. También se desempeñó como presidente de la Metropolitan Coalition of Congregations (Coalición Metropolitana de Congregaciones la cual es un esfuerzo de organización comunitaria en los suburbios de Detroit) y como presidente de la Greater Santa Barbara Clergy Association (Asociación del Clero de la Gran Santa Bárbara). Además, ayudó a fundar Gospel in Action Detroit, un ministerio en Detroit que asocia la región de Michigan con Rippling Hope Ministries y se desempeñó como coordinador fundador del Lompoc Interfaith Group (Grupo Interreligioso Lompoc).

Por último, pero no menos importante, está casado con Cheryl y es padre de Brett.

Milton Keynes UK
Ingram Content Group UK Ltd.
UKHW021823050324
438930UK00003B/73